一期一會的生命禮物：

那些讓我又哭又震撼的跨國境旅程

曾寶儀　著

——推薦序①——

那些美好的著迷與貪婪

作家／NGO工作者　褚士瑩

在曾寶儀的新書《一期一會的生命禮物》裡面，我看到兩條道路。

其中一條路，是對死亡的追求與拒絕。追求死亡的人，在這條生命的自動輸送帶上，面帶微笑朝著盡頭而去；而那些尋求永生的人，則轉過頭狂奔，想要跑得比輸送帶更快，讓回到原本腳印就已經踩過的地方。

這條路，叫做「著迷」（obsession）。

另外一條路上，則負載著許多追尋不屬於自己生活的人。他們不喜歡自己所擁有的，不喜歡自己原本的生活，相信自己值得擁有更多，於是想要透過跨過國境、性愛機器人、延長生命、取得死亡的控制權，想方設法想去得到不屬於他們的快樂。

這條路，叫做「貪婪」（greed）。

曾寶儀跟著一群紀錄片的工作人員，在採訪的過程當中，看到了別人的著迷之路與貪婪之路，但是與此同時，也無可隱藏地顯露出自己的著迷之路與貪婪之路。

讀著這些文字的讀者，當然也同樣在這面魔鏡面前，赤裸裸地映照出自己的著迷與貪婪。或許我們每個人，對自己的著迷都有些不同的解釋，像自己屬於「信仰虔誠」但別人是「迷信」、自己是「追求健康」而追求長生不老的人「走火入魔」、自己是用行動「支持性權和性自主權」但是別人如果做一樣的事就是「性變態」。

也或許，我們的「貪婪」被自己跟社會，賦予了正面的語境，像是別人「貪生怕死」，我是「珍惜生命」；別的記者搶獨家畫面是「沒品」，我做同樣的事則是「盡忠職守」；別人是「貪得無厭」，我是「積極進取」；別人渴望被認可是「沽名釣譽」，我希望我的努力被看見則是「上進」「好學」。

但是在這一切的背後，我們其實都知道有一個難以面對的殘酷真相：我們那些生命中美好的追求，其實就是無可救藥的著迷與貪婪。

看到了讓自己繼續向前的動力，本質如此不堪，並不是一件容易的事。

大多數人的人生，包括你我在內，要不就是走在著迷的路上，要不就是走在貪婪的路上。而這兩條道路，總有交會的時候。

對有些人，那個交會點在美國墨西哥的邊境，對有些人是在生與死的交界線，對於公眾人物，則是鏡頭開與關的按鈕。

我們明明沒有資格評斷，卻又忍不住連連評斷，彷彿真理總在我們這邊。

真誠的思考，往往是黑暗而痛苦的，這解釋了為什麼，哲學思考在兩千五百年以來，從來沒有大受歡迎，因為這些想法讓我們太不舒服，無法面對。但是思考也永遠不會消失，因為我們知道，在人生道路的某個轉角處，我們遲早都要回答這些問題：

愛是自私的嗎？

人為什麼要活著？

人可以決定自己的生命嗎？

誰有權力決定什麼是對的、什麼是錯的？

神真的存在嗎？

如果有神，神是慈悲的，還是殘忍的？

身為一個哲學踐行者，我對這些問題也沒有答案，但是我喜歡思考這些問題，也知道我應該特別當心那些宣稱擁有答案的人，因為他們都是騙子——他們通常不是故意的，只是他們的著迷和貪婪，讓他們相信了自己所想要卻得不到的，就是那個美好人生的答案。

或許我們跟著曾寶儀的腳步，在經歷過了這部紀錄片的拍攝過程後，也更清楚看見了自己的著迷與貪婪。可以的話，接納自己的著迷與貪婪，這才是真正「一期一會的生命禮物」。

—推薦序②—

正因一期一會，更該一生懸命

《人生路引》作者楊斯棓醫師

去年立秋時，全球疫情肆虐，讀梁旅珠女士的《頂級鐵道之旅》，得以神遊日本。

今年春分時，聞邱一新大哥新作《與天使摔跤》，而藝人作家寶儀的《一期一會的生命禮物》，則在八月問世。當我瞥見書名副標「跨國境旅程」一詞，禁不住好奇，她究竟想帶領讀者浸淫在哪些國家的炫目奇景？

讀畢後，才驚覺我第一時間完全猜錯該書的寫作方向。

寶儀的四大旅程挑戰了不止四個核心議題，生與死、性與愛、邊界與移民，我感受到她強烈的企圖心與察納雅言的同理心。

邊界問題，她以美墨邊境切入。

譬如香港或美國任一城市的教育、醫療資源有其上限，移民無論合法非法，勢必都得和本地人「搶奪」資源。（譬如香港的雙非問題，那是指父母皆非香港居民，以在香港所生的嬰兒可取得香港永久居留權，並可享有香港社會資源及福利。）

無論我們怎麼抽換搶奪一詞，試圖降低其尖銳度，對本地人來說，一定存在被剝奪感，無怪乎排斥非法移民的聲浪高漲，連合法移民要融入社會也不容易。換個角度想，非法移民若「搵食艱難」，鋌而走險，偷拐搶騙，因此衍生的治安問題，主政者不更頭疼？

其實何止邊界問題，同一塊土地上，無論是先來慢到，或假接收真劫收，許多歷史傷口，都需要政府正視問題。譬如今年三月，紐西蘭政府與當地原住民族部落簽署和解協議，賠償四億多新台幣，歸還多處文化遺址，作為十九世紀殖民入侵時期殘殺當地人、強制沒收土地的補償金。

性與愛的議題，她特別談性愛機器人。

性，其實是一個牽涉全年齡層的議題。

孩子自小需要性教育，有些不明所以的家長抗拒性教育，一心認為「長大自然會懂，教了孩子變壞」。幸而近來主流觀念較偏向：「性教育要趁早，壞人不會嫌你的孩子小。」

二〇一九年，寶儀受邀到TEDxTaipei演講，講題是《你們跟我們之間的差別》，內容正是她製作美墨邊境難民專題的省思。

全世界最大型的TED論壇，每年至少會有兩場，一場是後面沒有x的TED，通常在美國或加拿大舉辦，一場是TEDGlobal，可能在南美洲或非洲舉辦，二〇一四年在巴西里約熱內盧，我曾排除萬難偕友王冠欽醫師前往參加，五天內勉力聽了九十九位講者接力演講。

很多有性經驗者終其一生不一定了解性高潮，二〇〇九年TED大會的其中一個講題就是：《10 things you didn't know about orgasm》，官網有三千多萬人點閱過。如果我們把所有人的性需求都當一回事，最容易被漠視的可能是重度身障者或獨居老人的性需求，他們可能是一般性工作者嫌棄的對象，但性愛機器人或許可以滿足這個需求。

而生死問題，寶儀談得最多。她把安樂死各個面向都展開來談，讓我們思考，誰可以決定自己何時想安樂死，而又該怎麼設限？是否該到一定年紀，是否到達某個疾病嚴重度才能選擇走上安樂死之路？而當一個人失智又為疾病所苦，誰可以決定他能否安樂死？這些問題一點都不容易，正因為不容易，才更需要集思廣益。

台灣人或全人類的平均餘命，大多越來越長。七十年前，台灣人平均活不到六十歲，現在超過八十歲。寶儀提到人類可能因為醫學不斷進步活到三百歲的概念，讓我眼睛為之一亮。

上一位我聽過特別談人生三百年的作家，叫熊久保勅夫。他的三百年概念和寶儀談的完全不一樣，他是過度壓榨自己的人生，壓縮睡眠、放棄休假並執拗地認為自己身體鐵打不會生病，他據此認為自己比別人多活了幾個人生。

如果我們接受「世間的一切，都是暫時借我們用的」這個觀念，我們更應該自我提醒，每一代人的「暫時」，將越來越長。因此，我們更該重視永續的概念。身處這個世間，每個人該發揮其最高貢獻度，而對世間諸物，應力求最低的損耗度，我們既奉行斷捨離同時也惜物。

我很喜歡寶儀這本書，推薦您相偕好友一起翻讀，踏上這趟跨國境的深思旅程。

—推薦序③—

面對第一個問題的追尋

《明天之前》節目監製　金輝

二十多歲的時候，看過一篇小說，西蒙・德・波娃的《人都是要死的》，寫一個人偶然喝下了長生不老的藥水，從此有了過不完的一生。他閱盡了世事，所有的一切，到後來只是循環往復而已。活著，像一個無法擺脫的夢魘。它給我留下了極其深刻的印象，直到寶儀和攝製組去美國拍攝「永生」這個議題之前，我都認為，相比死亡，永生遠遠更為可怕，甚至是自己能想到的最可怕的厄運。

半年後，我有了女兒，一切開始發生了變化。我也開始想：啊，我要是能根據自己的意志，延長自己的生命該多好，那樣，就能陪著女兒慢慢變老了！當然，我依然不想追求永遠活著，那麼，究竟活多久是個「理想」狀態呢？一百歲？那時女兒也才五十多，我還不願走。一百三十歲？那時她也老了。可是，如果她有孩子，難道我不想多貪戀下兒孫滿堂的天倫之樂嗎？

即使《明天之前》裡，那些在「永生」征途上孜孜以求的先驅們，似乎也沒有人知道確切答案，沒有人知道自己追求的終點到底在哪兒。但是，征途已然開啟，這個世界又將隨之發生什麼樣的變化？是變得更美好，更值得留戀？還是會漸漸成為一個無法擺脫的夢魘？

未來，像一個無法長久凝視的深淵。我更願意想起的是，和寶儀一起經歷的這趟旅程的點滴過去，尤其是那個瞬間：二〇一八年五月十日，瑞士巴塞爾，晚上七、八點的萊茵河，散發著油畫般的光澤，很多晚餐後的年輕人，在河畔享受著初夏愜意的時光。我用手機拍下了那一幕。就在那天上午，寶儀送別了一〇四歲的大衛·古道爾，他沒有絕症，甚至沒有顯著的疾病，但如願用自己喜歡的方式，離開了這個世界：「我只是活夠了」——活夠了，就這麼簡單，唱著貝多芬的《命運交響曲》，微笑告別。我想我會永遠記住那一天，見證一個人擁有死亡的自由，讓不捨晝夜的生命似乎變得更美好了。

可是，如果換成一個「只是活夠了」的年輕人呢？我們會如何面對？人，在何種情況下，才「可以」擁有「自主選擇」死亡的權力？

同樣，如果一個人追求「正當」的幸福自由，卻和某個群體的「正當」利益產生衝突，我們該不該豎起「邊界」？這不只是困擾整個世界的移民問題，事實上，它可能此刻就發生在你我的日常生活之中。

還有，在ＡＩ技術日新月異的時代，人類的性伴侶會如何演進？「愛」會不會被重新定義？

現在回想起來，我們甚至都不知道自己哪裡來的勇氣，竟然敢試圖走進「明天」的前夜，去探究這些沒有答案的深邃議題。但當走完了這段激盪的旅程，寶儀和我們都相信，在即將到來的「明天」，這些議題，和我們每個個體都息息相關，並將改變這個世界。

你會如何面對那即將到來的遽變呢？我想起了亞馬遜ＣＥＯ貝佐斯的一段話，他說：「我經常被問到一個問題，『未來十年，會有什麼樣的變化？』但我很少被問到，『未來十年，什麼是不變的？』我認為第二個問題比第一個問題更重要。」

在這本書裡，我看到了寶儀對第二個問題的追尋。

——推薦序④——

對抗封閉的唯一辦法

《明天之前》製片人／中方導演　朱凌卿

「你可能，要當爸爸了。」

剛吃完早飯，我接到了太太從北京打來的電話。

一點激動，更一片茫然中，我看到了寶儀——二〇一八年四月七日，阿姆斯特丹，我們即將出發，拍攝《明天之前》系列的第一個人物：死亡醫生菲利普。

「恭喜你喔！」她有點大聲地叫道。（我顯然是藏不住祕密的人，被覺察到神色異樣就只能和盤托出。）

「好大的責任，但又是未知的旅程呢。」

拍攝《明天之前》這個系列，本身也是個未知的旅程。更確切地說，是努力起跑，也不確定能夠達到的「挑戰」。作為出品方，我們的初衷，僅僅是一個簡單的判斷，即「世界需要共同面對的議題，不能缺少華人的聲音」。而坦白說，向外看，關心整個人類命運之類的宏大選題，並不是我們這個陸地民族，過去一、兩百年熟悉的思考。

中小型的不確定因素更多：巨大的投資、不明的商業回報、與外國團隊的磨合、不同國家的拍攝禁忌，連續幾週早上可能吃不到白粥油條……

但另一方面，我們又有某種安心：再陌生的故事、載體也都是人，而我們擁有和陌生人開始一場對話的最佳人選。

作為主持人，寶儀有罕見的共情能力、同理心，又能準確適當地進行表達。在過往多年的合作中，這點我們非常確認——無數次，監視器前，眾人看著她的採訪片段，暗暗發出的「真好啊」「太對了」「不愧是她」或者「幸好是寶儀來採訪」便是證明。

於是，在接下來的半年多時間裡，我們橫跨三大洲，密集地見到了各類人：有人求速死、有人求永生；有人拿槍驅趕不幸的同類、有人以身犯險，幫助弱勢的鄰人；有許多科學家，以及更多的「科學怪人」。而作為整個專案的「矛」與「錨」，寶儀投身其中，與他／她們展開接觸、對話、探討、爭論；莞爾、捧腹、疑惑、焦慮、憤怒、溫柔……出現在鏡頭中的彼此臉上。不一定每次都是贊同，但總有比以往更進一步的理解被達成。

「真該把這個經歷寫下來啊！」已不太記得這個提議，最初何時出現在團隊的對話中。也許是愛爾蘭鄉間，寶儀見過協助妻子自殺的湯姆．柯倫，與他相擁而泣之後的那個微風的夜晚？也許是加州某單身公寓外，寶儀被毫不掩飾的男性沙文主義受訪者，氣到差點奪門而出的那個令人煩躁的午間？總之，在拍攝的推進中，這個想法被不斷提及。

應該是在臨近殺青的一次工作晚餐中，這個想法被正式確定，和當晚的鐵板煎波芙隆起司一樣，令人印象深刻。

這個系列結束後，我在北京常去的外國超商，很容易地找到了波芙隆起司，三不五時，總能重溫那天的豐腴口感。

而寶儀承諾的書，終於即將出版。

閱讀它——即使作為深度參與過全程的人——也不僅僅是簡單的重現，異於畫面，文字本身自有其邏輯和節奏；閱讀它，明確了我在拍攝時就有的，某種感受。除了同理心、共情力，準確適當的表達，寶儀在這趟並不絕對順遂的旅程中，越來越展現出的一種態度和實踐，一種非常重要的態度和實踐，一種已經影響著我的態度和實踐。

在女兒花花一歲多，開始對樂音展現出興趣的時候，作為她「受過大學教育，有一定鑒賞能力和審美品位」的爸爸，我精心挑選了一系列名曲：由巴赫、德布西、蕭邦的傑作組成，得來的，卻是不怎麼熱烈的回應。在那個時刻，我腦海中浮現的，是《明天之前》拍攝之中，寶儀在見過某個嘉賓後的感嘆：

「這提醒我，不能用自己的經驗和好惡，揣度別人的態度和立場……」

對啊，即使是作為爸爸也不能。

那什麼是我應該做的呢？我不知道怎麼辦，但我知道大體的方向，像曾寶儀小姐在《明天之前》系列拍攝中展現的那樣：

開放的心態，同時，要勇敢。

由於眾所周知的原因，進入二〇二〇，進口的波芙隆起司，即使在北京，也不再好找到。而此時此刻，寶儀的這本書，在我看來，有了某些更重要的意義，它提醒我們：

在這個物理上受到限制的時刻，我們仍然要選擇走出去，選擇真正進入他人的故事，理解他人的經驗，找到和其他人類的真實連接，這是對抗封閉的唯一辦法。

在這個看似無數選擇，宣揚（在我看來很有必要加一個「假」字）個性的時代，我們仍然要選擇充盈自己。正視自己的好奇、熱愛、局限乃至恐懼，對它們進行擴充、探索、質疑、挑戰……這是作為「人」獨特而絕不能放棄的幸福。

二〇二一年五月五日

——推薦序⑤——

打破邊界的心志

《明天之前》節目翻譯　甯卉

以「翻譯」的身分，陪著寶儀、她的團隊、《騰訊新聞》的幾位導演、英國GM導演和拍攝團隊的這一長串旅程，於我是一份意外。

我與專業翻譯這個職業不沾邊。我是一名國際新聞記者，常駐布魯塞爾，做長報導、常常滿世界跑，尋找、採訪、撰寫感興趣的題目，同時也會特別去觀察，今天的中國是怎樣與世界其他角落產生聯繫的。

因此，《明天之前》所選擇的題目——安樂死、性與人工智能、美墨邊境、永生（包括那些未能製作的備選，墮胎、人與動物的關係等等）——在我眼裡，猶如美酒。

不僅僅因為這個系列的每一個題目都可以打開這個世界尤為獨特的，深入人性和思辨的角落，亦是我作為記者非常著迷的議題；更因為我是多麼希望，中文世界的內容創作者和觀眾，可以對這些普世的議題產生強烈的興趣，能夠並且願意走到一線，帶著自己的烙印，與這些思考產生聯繫，並成為其中的一部分。

事實證明，讓我更為意外的，還是認識到寶儀。

寶儀的英文很好，大部分時候並不需要「翻譯」的存在。我想，站在攝影機和導演身旁的我，大多時候只是讓她稍稍安心一些；又或是，可以在空隙時，在沒有鏡頭的注視時，敞開聊聊這一路遇到的人、聽到的話。

若說紀錄片鏡頭最佳的狀態應如牆上的蒼蠅，在這個以寶儀與不同人對話為主線的拍攝過程中，我當真是找到了「蒼蠅」的狀態。與文字記者的經歷大相徑庭，我第一次真切觀察到電視或是說紀錄片中「對話者」的工作狀態。

寶儀的耐力和情感勞動的強度，讓我驚嘆。一切都要在鏡頭面前無死角地記錄下來。除了製作方的兩台大攝影機，《騰訊新聞》隨行導演的手裡，也隨時握著一台相機，記錄著整個行程。在一場場極為消耗的採訪過後，她仍必須立即應對下一個問題：「你在想什麼？你對剛剛的採訪有什麼感想？」她無時無刻不在做著輸出。

更讓我佩服的，還是她極為敏銳、恍若憑直覺做出的情感表達。在我的經驗中，最好的採訪通常是相當波瀾不驚的尋常對話，文字可以在之後整理、放大當下細碎地表達；可是紀錄片的鏡頭，需要更為具象的語言，渴求鏡頭裡的人所有感官集體出動，條件反射般給出感受到的一切。寶儀的情感和情緒，自然流露，讓人動容。

這些的背後，最重要的那一層素質（這在拍攝結束很久之後，還會讓我常常想起）還是寶儀總是同時「向內」和「向外」觀察的意識。進入一個個陌生領域，也是我的工作日常，但在這個過程中，我潛意識總在自我保護。將「自我」藏起來，方可以在「異鄉」更從容。但我很清楚地看到，寶儀沒有這樣做，她是將自己完整地交出來的，就像這本書名那樣，她將每一場相遇都視作《一期一會的生命禮物》。

很榮幸寶儀讓我給這本書寫序，給我機會寫寫眼裡的她。也很竊喜，她可以透過文字，回看當時的經歷——這顯然是我作為文字工作者的偏見，我堅信這本書的書寫，又經歷了一定的沉澱，寶儀給出的，必然是更深的一層思考。

在一個春日一口氣讀完這本書，印證了偏見之外，我更有一肚子的嘆息與唏噓。自《明天之前》完成以來，這個世界一拐，便掉進了一觸即發的、不確定的未知領域。且不說滿世界尋找線索，如今已經成了不可能的任務；當時那種向外探索、向未來發問、打破邊界的心志，在謹慎存活的當下，也更像是昨日的美夢。

且跟隨寶儀，再遇見一次那些瘋狂、睿智、矛盾又如同星辰般浩瀚的一個個生命吧。明天之前，還有彼此——跨越大山大河的彼此。

二〇二一年四月二日，布魯塞爾

短文推薦

生命的反向是什麼？

曾寶儀透過親身經歷深度探問生死、性愛等諸多在道德邊界來回擺盪的深層課題，就如她追尋答案的過程，彷彿戰戰兢兢走在鋼索之上，溫柔堅定地告訴讀者——生命的反向不等於天光滅沒，思考死亡、面對終點，就是熱愛生命最直接的體現。

——貞華爾滋 Kristin

把「主持人」昇華為「人」

再次拜讀寶儀姊的作品讓我熱淚盈眶。

這四趟旅程裡，我想她把「主持人」的角色昇華為「人」。不同於以往的訪問，在這裡我跟著她的提問流下眼淚——「離開這裡以後，你最想念的會是什麼？」

她的每個提問，每個被她握起的雙手都讓我心中有無限悸動，同樣身為主持人，我知道這些經驗有多麼可貴。感謝寶儀姊，我也從她的生命切片中看到整個世界！

LULU 黃路梓茵　新生代女主持人

呈現不同張力的生命之書

與曾寶儀過去的出版著作相比，《一期一會的生命禮物》有一種比較不同的「背景」，亦即是「跨國製作紀錄片的經驗記錄」，換句話說，除了她原本就擅長的說故事、生命反思外，這本書多了不同的線軸，包含：「如何為採訪準備」「採訪過程的思考」「與製作團隊的磨合」「與受訪者的互動」，以及對議題的思考與反芻。可以說，我在這本書裡面看到曾寶儀以一個活生生的人的角度，踏進了一個普世性的人類生命價值的議題中，在這個由紀錄片團隊、受訪者、主持人／採訪者共同築起的言說或表現空間裡，透過文字，呈現各種不同的張力。

文字工作者　阿潑

9
7
8
6
4
5
3
2
1

目錄 CONTENTS

一楔子一
我想要跨出這一步，無懼地往前走

從沒想過，七年後的我，又站在阿姆斯特丹這座橋上。

一面看著橋下緩緩流過的水，一面看著七年前的自己。

二〇一一年的我帶著爺爺去世的傷痛，宛如行屍走肉般行走於阿姆斯特丹的街頭。迎面而來的人們臉上總帶著愉悅，但我的心卻空空的。走著走著，我來到這座橋，被突如其來的悲傷淹沒，毫無防禦能力。

從那時候開始，我花了好多年時間思索生與死的議題。

七年後，二〇一八年，我又為了生死議題來到同一個地方，但目的不同。

七年前是為了忘卻死亡的陰影，七年後則是為了直視死亡。

站在橋上，我再次想起爺爺。

我感謝他，感謝他的去世所帶給我的學習、體悟與成長，感謝他幫助我建立了信念，也由於這信念，它帶著我重回舊地，去記錄他人的故事。

這一路上，他未曾遠離。

站在橋上，看著七年前的自己，我多麼希望時空能重疊。

我想對七年前的自己說：

妳得到了一份意義十分深遠的禮物，不要逃避它。

打開它，好好地檢視它，欣然地接受它，並且感謝它。

它真的太棒了。

一份特別的工作邀約

二〇一七年十月，騰訊新聞的朋友問我有沒有興趣做個原定名稱叫《Tough Job》的節目（後來定名為《明天之前》），去體驗這世界最困難的工作。比方說捕鯨船的船員、西班牙鬥牛士，或是後來採訪成行的執行安樂死的死亡醫生、美國民兵……等等。

接到這個邀約，我心裡是很樂意、也很高興的。一是我認為這是個難得的機會，二是沒想到先前我為了興趣而做的準備：學英文（我的上一本著作《50堂最療癒人心的說話練習》中敘述了原由），正好能派上用場。

簡單地說，由於主持東方衛視與Discovery頻道合作的《越野千里》節目，深覺我的口語英文實在不夠用，於是從二〇一七年一月開始，我找了一位英文家教上英文課。剛開始上課時，我心中毫無負擔地跟英文家教用英文聊天，沒想到半年之後，有個需要全程用英文與受訪者與國外工作團隊溝通的工作找上我。

騰訊新聞的朋友說：節目預計從二〇一八年春季開拍。我心想：還有大半年可以做準備嘛，儘管知道這工作並不容易，但我樂觀地認為「一定沒問題！」便欣然接下這項工作邀約……沒想到隨著開拍的日子一天天逼近，我給自己的壓力也一天比一天沉重，甚至焦慮到快要爆炸！

還記得，當合作拍板定案後，製作單位要我先選一、兩個主題做開拍前的準備。我的首選是安樂死，這是由於爺爺過世之後，我花了很長時間在思考關於生死的問題。

當我去正視安樂死這主題時，是否能印證我這些時間的思考與學習有所成長？我到底走到何種境界與階段了？心中抱著期待與想望，知道機不可失，因此我毫不猶豫便先選了「死亡醫生」這個主題。

那麼第二個主題呢？除了前面提到的死亡醫生、美國民兵，或是捕鯨船與鬥牛士，其實當時還有一個選項叫做：墮胎船。由於我對性平議題很有興趣，加上我的英文家教剛好也很關注這類議題，於是我選了墮胎船為第二個主題，不過，後來這主題由於某些敏感因素而被排除掉了。

開拍前的準備有哪些？除了閱讀大量從網路上搜集來的新聞、個人背景等資料，受訪者所有的影片、書籍、身邊的相關人物，甚至是所有相同主題的影片，不管有沒有中文或英文字幕……一個都不能落下。我得做足功課，才能與製作單位討論採訪對象與主題的取捨。

聽見我的哭聲

《明天之前》這系列紀錄片的緣起，在於騰訊新聞想要做出具有國際觀的節目，他們想試著與國外的製作單位合作，看看在共事的撞擊下能產生何種火花，因此找上了曾經得過奧斯卡獎最佳紀錄片的英國團隊ＧＭ，在確認雙方的合作共識後，再來徵詢我的主持意願。

騰訊這個對於做出好節目戰戰兢兢且頗具視野的製作團隊，早在二〇一三年這團隊還在中央電視台時，我就與他們合作過一個叫《客從何處來》的尋根節目。

當時接到《客從何處來》的邀約我其實裹足不前。所謂尋根就是尋我父系與母系家族的根，這在我家族是件大事，得要與家人商量才行，並非我一人就能作主，我猶豫了好一段時間。

直到我意識到，節目其實是要用我個人的家庭史，去看整個宏觀的大歷史。

大歷史中有些無法言說的部分，若用個人家族的角度來談，或許能將歷史的全貌用一片片切面拼貼起來。

而在宏觀歷史的同時，也能回過頭來看我們當下的處境。有史為鑑，**我們該如何面對現下的人生？又或者是，我們的社會是否能跟上世界的腳步，世界已經走到哪裡？世界到底在想什麼？如果有些議題能被討論，那麼所謂價值觀是否都並非牢不可破？**

為了這些心中的重重疑問，我與這個製作團隊一同走上尋根之路。

「根」不能亂尋，製作團隊花了很多時間在我的父系與母系家族中找尋對象以及調查。歷史要回溯到多久之前？哪些親族仍健在？

我父系這條線，製作單位花了很多時間搜尋資料，可是最後找不下去只好停擺。而我母系這條線，外公是民國三十八年隨著國民政府來台、那段百萬人大遷徙的成員之一，家鄉在江蘇的他，有些故事能探尋，因此節目便以母系這條線為主。

外公祖上曾在清朝出過秀才，他繼承祖先的福蔭，成了家中以及村子裡少數能讀書、會識字的人，也因此十多歲時他在南京中央印製廠謀得一職，並且被廠長賞識而將他帶在身邊，國民政府撤退時，廠長便帶著外公一起逃難來台灣。

由於這段歷史，一開始節目安排我先去南京。得知原來當時外公有指腹為婚的對象（他們叫「娃娃親」），並且安排我們見面。不禁想，若外公未撤退來台灣，或許寶媽就不會出生，也就沒有我的存在了。

接著又去到了國民政府撤退的下關車站。外公是從下關車站坐火車去廣州，再從廣州輾轉來台灣。節目找了一位歷史學家在車站廢棄的月台上，講解外公逃難的路線，再拿當時月台的照片給我看。

當歷史學家講解到一半時，我心裡突然湧起一股強烈的情緒，我彷彿能感受到當時那些逃難者的心情，又彷彿聽到了當時月台的聲音，那種人聲雜沓、兵荒馬亂，好像聽到了逃難者心中沒有說出口的再見，以及永遠無法釋懷的遺憾。

我知道，有些再見，是再也不見。

由於節目正在錄影，在那當下我忍住即將潰決的情緒，一待學者說完，我便獨自往月台的最遠處走去。

我一邊走、一邊讓眼淚傾洩而出，盡情釋放情緒。沒料到的是，麥克風還別在我身上，導演聽到了我的哭泣聲，並且不斷捕捉我漸行漸遠的背影。

這段長達十多分鐘的真情流露，後來被收錄到節目中。

最後則去到外公的故鄉，江蘇北方的淮安。

節目安排我去拜訪外公的老家，見到了外公的弟妹，我喚她叫四外婆。儘管她的兒子在老家旁蓋了間大房子，其他子孫在當地也都是有影響力的人物，但四外婆依然守著那窄小的老房子，屋內只有一個電鍋、一只熱水瓶與老舊的收音機。

四外婆的鄉音我一個字也聽不懂，全程要由她兒子重述。她談到由於外公來台灣，他的特殊身分，讓整個家族遇上了危機，獨自保護一家老小的她在文革時日子過得十分辛苦，她當時靠著乞討養活我的外曾祖父、外曾祖母等一家老小，再加上還得獨自應付上門來找麻煩、不懷好意的盜賊與批鬥人士。

看著佝僂的四外婆雲淡風輕說著這些往事，我的眼前卻出現她當時沿街乞討的畫面，一個弱小的年輕女子，她瘦小的肩膀背負起一大家子的生計……我的眼淚再度止不住地往下掉，心中湧起對於她的愧疚。我顫抖著說：「對不起……」四外婆拍拍我，說道：「妳不必在意，回去也不要跟家人說這些事。只要你們都過得好好的，就好了。」

當時我只能以大哭來回報四外婆的恩情。

我那曾經是秀才的祖先，讓家族成為地方的仕紳，受人敬重，但沒想到這留給子孫的庇蔭，會在戰亂時代讓家族成為盜匪覬覦的對象；但也因為仕紳背景，外公成為村子裡少數有教育基礎的年輕人，讓他逃難在外時，能比一般人更容易得到工作機會與賞識，於是他得到輾轉來台的機會。

外公來到台灣，帶給後代的我們新的開始與祝福，至於對遺留在家鄉的家人來說，這反而讓他們成為被批鬥的目標。

曾經的榮華，可能會帶來未知的危機；當下的苦難，卻又可能成為下一代的祝福。

《客從何處來》這個節目，透過一個個小家族的切面來看大時代的歷史，真正印證了禍福相倚與命運的弔詭——福蔭可能成為詛咒，危難也可能是機會。

由於這一趟尋根之旅，讓製作團隊見到了我的同理與共感能力，他們認為我跟其他主持人比起來「很特別」。

接下來，我與這個團隊又接連合作了《聽我說》（二〇一六—二〇一七年）與《回家的禮物》（二〇一七—二〇一九年），透過這兩個節目他們看到我的另一個可能性：面對陌生人的訪談能力。

而這多年累積下來的合作默契，讓他們在企劃《明天之前》這跨國大製作時，自然而然將我納入主持人選，並再次向我提出邀約，最後還說：「紀錄片共四集節目，妳就全包了吧。」

對於這項難得的挑戰，我躍躍欲試。

準備再準備

當我接到騰訊的主持邀請時，我心中很清楚：**這個機會，在我生命中可能只會出現一次！**我不能讓它溜走。這個節目，有可能成為我事業的代表作，我必須要完成它。我也知道，當我完成它時，我必定能脫胎換骨，人生再邁開更大一步。

更別說有人願意出資讓我思考我有興趣的議題，能與國外的優秀製作團隊合作，還能與每個議題相關的頂尖人士以及最有爭議的人面對面……種種誘因讓我知道：無論未來有多辛苦，都不能錯過這個機會！

難道當時我心中沒有一絲害怕？當然有。但我告訴自己：害怕不足以成為擋在我面前的石頭。絕對不可以。

我想要跨出這一步，無懼地往前走。

除了前面提到出發前需要大量閱覽資料、做足功課，對我來說，最擔心的就是「英文能力」。

出發前半年那段準備期，由於不停消化外文資料，腦袋不停進行Q＆A的沙盤推演，大腦幾乎整天都在高速運轉，使得我的睡眠品質很差，有時連作夢都在說英文。

每個議題都是專業範疇，有許多專有名詞需要學習，除了要會讀它們，還得要用得正確，這對我而言是非常大的考驗，比方說安樂死「Euthanasia」、永生「Immortality」……這些字，我反覆唸了千百次記住它們，我想我一輩子都不會忘記。

而在受訪對象一個個確認之後，我發現自己必須一坐下來，就要能跟一個陌生人聊他這輩子最傷痛、或是他已經研究了一輩子的事，這是另外一個困難點。

例如安樂死這個議題，幾乎每個受訪者的心中都有很深的傷，而我必須在沒有時間寒暄、互相熟悉的情況下，在短短一、兩個小時中切入受訪者的內心，這對我、對受訪者來說都是很大的壓力。

全程英文採訪的壓力

除此之外，還有口音這個關卡。

受訪者來自不同地區，澳洲、英國、愛爾蘭、美國東西岸、美墨邊境、英屬澤西島……更有受訪者是戴著呼吸器說英文、口音含糊不清的！再加上一起工作的英國團隊，導演是來自紐約的倫敦人，兩位攝影師中一位是有維京血統的北歐人、一位是敘利亞人，收音師是義大利人，整個工作團隊儼然是個小型聯合國。

製作單位投入了這麼多資源，我絕對不能搞砸，更不想丟亞洲人的臉，可想而知我想把英文說好的壓力有多大了。

這時我得要感謝老天爺給了我一個禮物：我的英文老師Joy。

當時我已與她上了半年多的課。Joy是多明尼加裔美國人，十多歲時從多明尼加共和國搬到美國亞歷桑那州鳳凰城讀高中與大學，二十多歲便來台灣工作，直到如今。

身為移民的她，對於生死、移民以及女性議題也十分有興趣，與我志趣相投。當她知道我接的新工作要討論這些主題，二話不說地願意助我一臂之力，更為我補充許多視野與背景（如美國非法移民與永生議題），能在茫茫人海中找到她，我真是太幸運了！

我與英文老師會先分頭看由紀錄片工作人員收集來的資料，再找時間一起腦力激盪。

當我們見面時，會以英文聊天的方式各自表達讀了資料後帶給自己的衝擊。我可能得用十句話來陳述一件事，但老師用兩句話就能充分說明，由此我便能得知用哪些英文字詞來表達會更恰當。

而討論的最後，我與老師會決定應該要問哪些問題：一個大問題之下圍繞著哪些小問題？問題的先後順序？要從個人經歷開始問還是從議題開始問？從哪個角度切入問題？……與英文老師這番沙盤推演，對於我日後的正式訪談，幫助極大。

出發前，我到底是誰？

離出發拍攝日二〇一八年四月一天天逼近。

三月，我特地飛去北京與騰訊的團隊開會，臨出發前，北京、倫敦以及台北的我，三方再一起開了長達三、四小時的視訊會議。

此時一個個新的問題在我心中浮現：**我在這個團隊中的定位是什麼？我扮演什麼樣的角色？是記者還是主持人？是一名觀察者？一個好奇的民眾？我到底是誰？……**

出發前，這些疑問並沒有得到明確的解答。

以往在工作時，我總是會看著自己的表現，而這次，我意識到了另一雙看著我的眼睛：工作團隊對我的評價。

在不能丟臉、時刻意識到他人眼光的壓力下，我踏上這趟未先磨合的旅程，飛往阿姆斯特丹。

我決定帶著未知出發，不預設答案。

出發前，我也告訴自己：不要用個人的價值觀去評判別人的人生。

而這趟旅程的終末，原本也不該預設只能有一個解答。

LED-ZEPPELIN
NOC

旅程 1

告別的權利——人有自由死去的選擇？

「死亡從來不是個悲劇，它永遠是個禮物。」

——尼爾・唐納・沃許《與神談生死》

出發前導演曾問我：「妳贊成還是反對安樂死呢？」

我說：「我不知道。」

出發前我沒有預設答案，我時刻提醒自己：**我是來理解這個世界，而不是來評斷這個世界的。**

我想去最自由的地方……

由於這次採訪的主人翁「死亡醫生」菲利普．尼奇克（Philip Nitschke）住在阿姆斯特丹，製作單位想先做他的訪談，便選擇阿姆斯特丹作為第一個拍攝地。

安排受訪對象最多的地點是倫敦，共有三人，製作單位若選擇先去倫敦也是理所當然的安排，但選擇阿姆斯特丹，碰巧與我經歷那場死亡所帶來的巨大悲傷不謀而合，對我來說或許是更適切的死亡議題切入點。

一抵達阿姆斯特丹就開機拍攝，導演想先暖個身，也想觀察彼此的狀態，因此先從拍街頭空景開始。

走在街上，想起二〇一一年辦完爺爺喪禮一星期後，我、堂弟與弟弟一起去阿姆斯特丹旅行。

當時，我想去能想到的最自由的地方。

由於爺爺晚年反覆進出醫院，過去我計畫的旅行常因此臨時取消。他過世後，再也沒有事或人能阻擋我自由飛，能有多遠去多遠。

雖然弟弟們很會安排行程，帶著我去各個好玩的地方，但就算是身處歡樂的音樂會，周遭的觀眾開心地笑著鼓掌著，我卻會不自覺地流下眼淚，彷彿身處另一個時空。

心空了，只容納悲傷。

我如同斷線的空殼人偶般被弟弟們四處拉著走，甚至強顏歡笑，讓自己處於很「鏘」（Kiang）的狀態，「鏘」到連錢包掉了都不自知。但掉錢包這件事，與我的悲傷相比根本微不足道，我不以為意地向警局報完掛失就不放心上了。

在如此愉悅、令人放鬆的城市，我對自己說：我都來到這裡了，為什麼還要被困在悲傷裡？但悲傷仍然無預警地向我襲來。

還記得，爺爺去世後，我再也說不出「節哀順變」這四個字，當摯愛的人去世，便沒有什麼節哀、也沒有順變這回事。

悲傷絕不是現在節制了後面就會消失，它會在一個莫名的時刻如大浪般排山倒海而來。可能是你在吃到某種食物、聞到某種味道之時，我甚至曾經在過馬路走到一半時，在斑馬線上無預警地掩面痛哭。沒有任何防禦的準備與能力，只能任由巨浪淹沒，再花時間等待衝擊過去。

現在的我，也不再輕易說出「時間會沖淡一切」這種話。

當然時間的確能稀釋悲傷，但每個人需要的時間不同。有的人需要一年，有的人需要十年，有的人可能需要一輩子。人各自有自己的時間表。

時間沖淡的不是悲傷，而是隨著時間，隨著不同的發生，你會明白當下視為悲傷的事件與悲傷的你，可能可以有另一個角度的解讀。

在悲傷的各種層次上下翻滾、反覆進出，使得我對死亡、悲傷、痛苦有深刻體悟與理解，沒想到在七年後，我得到檢視的機會。

七年後的開場

深知悲傷無法量化，當我面對他人在經歷這種悲傷時，我會做何反應？走在阿姆斯特丹街頭，再走到七年前我駐足過的那座橋上，儘管有攝影團隊在拍攝，我心中思考著這個疑問。

在這座橋上想起了七年前的自己，對比今昔我突然感動了起來，不按照腳本，我有感而發地對著鏡頭用中文與英文各說了一段話，不管導演會不會採用，我覺得在那當下我都必須說這段話。

對我而言，這也是揭示我心境的開場。

死亡是個奇妙的課題。我們這輩子不見得會結婚生子，或做其他別人覺得理所當然的事，但死亡避無可避、必須面對，不管是他人還是自己的。

死亡是這世上最公平的事。

花了這麼多年時間思考死亡的我，對死亡有自己的學習；我花了許多時間與它打交道，並且去觀察他人如何面對死亡，再將這些觀察轉為我的信念，儘管那不見得是真相，是無關任何宗教的信仰。

我克服了對死亡的恐懼，建立了對死亡的價值觀，而這價值觀決定了我的世界。

當我走完〈告別的權利〉這段旅程後，七年來我所建立的信念會不會動搖？

我將與這麼多與死亡有關的人打交道，不管是陪伴自己所愛的人離開的親屬、幫助他人離開這世界的人、贊成或是反對安樂死的人、每天都在鬼門關前走一遭的人、時常有死亡念頭的人……這些人，是否將會撼動我的死亡信仰？甚至將顛覆我重新建立起的世界？

對此我好奇不已。

＊＊＊

死亡醫生菲利普．尼奇克是世界上第一位合法執行安樂死的醫生，他原本在澳洲執業，在野外進行醫療救援工作。

由於菲利普執業所在的地方政府曾於一九九五到一九九七年間短暫通過安樂死法案，他在這段期間幫四個人執行過安樂死。後來地方政府推翻了這項法案，在理念被阻斷的情況下，又受到各界的質疑，因此他燒掉自己的醫師執照，前往安樂死合法的荷蘭，繼續宣揚他的信念。

死亡為什麼不能是一場盛宴？

街頭空景拍攝完之後，整個製作團隊便去菲利普的工作室做第一個人物專訪。進行長時間、這樣一個嚴肅議題的採訪，是我從未經歷過的。想當然第一個訪問讓我緊張得不得了。訪問過威爾．史密斯、安潔莉娜．裘莉的我，當時都沒這麼緊張！

到達工作室門口，導演說：「寶儀，妳去敲門。」還記得在敲門時，我一方面非常緊張，一方面又想在鏡頭前表現出泰然自若的樣子。

當菲利普來開門時，他對我說：「How are you?」我應該回他：「Fine」，但卻重複菲利普的問候，說出：「How are you?」……我在心中暗罵自己：曾寶儀妳的英文會話錯了！太糗啦！

這是我跟受訪者打的第一個招呼，沒想到超卡……我對自己說：別那麼緊張！領製作團隊進門後，菲利普不跟大夥兒寒暄、問候，直接表明：「這是我的工作室。」

我心頭一驚：直接切入正題，不先寒暄客套嗎？

接著菲利普介紹他工作室中陳列的物品，比方說能幫助人結束生命的工具。此外他還向我們介紹他的家人：太太與寵物狗。菲利普的太太是他的工作夥伴，負責工作室的營運與對外聯繫，看起來開朗大方。

在菲利普的工作室中，我發現一具長得像外太空膠囊棺材的模型，我問他：「這是什麼？」

菲利普說：「這叫『Sarco』。之後我會把Sarco的製作方式寫成程式，放在網路上讓人自由下載，下載的人可以用3D列印把Sarco製作出來。人躺在Sarco之後，可以戴上VR眼鏡看臨終前最想看的畫面，外太空、沙灘或星空任君選擇，看夠了之後只要再按下一個按鈕，Sarco就會成為你的最後歸宿。Sarco也能回收再利用，供親友們輪流使用。或者是，就讓它直接作為你的棺木。」

菲利普甚至還說，這項發明他不會去申請專利，任何人拿去複製都不會有侵權問題。

我問菲利普：「你的書中已經介紹這麼多結束生命的方法了，為何還要開發這種豪華的機器？」

菲利普看著我的眼睛，說：「為什麼不？死亡可以是悲傷，死亡可以是強取豪奪，那麼為什麼死亡不能是一場有型與優雅的盛宴？」

這一刻對我而言無與倫比地重要。

儘管我訪問他人的經驗相當多，任何狀況都遇過，但當菲利普在說這段話時，他的身體與眼睛是在發光的。

我知道這就是整段訪問的關鍵與精華，就是點亮他生命價值的原因，是他的信念所在。

當菲利普說出這段話的瞬間，窗外陽光彷彿直射進來照在他身上，但我看錄影回放時，根本沒這麼亮，是我覺得他整個人綻放了起來。

為什麼人們總是把死亡與悲傷畫上等號？

為什麼死亡總是失去？

為什麼死亡總是強取豪奪？
為什麼死亡不能是一場盛宴？
菲利普秉持著這樣的信念，做著他人眼中看起來極具爭議的事。
為什麼人不能準備好了就走？……
這些問號在我心中迴盪不已。

任何人都有自由選擇死亡的權利？

菲利普相信他做的所有事都是正確的，幫助人們死亡是他的天職，但他的所作所為卻大大挑戰我們所相信的事。所有人都能得到死亡輔助機器是對的嗎？教唆他人去死這樣好嗎，難道這不是犯罪？

宗教界的質疑，人道主義者的質疑，法律界的質疑……來自各界的質疑都不曾動搖死亡醫生菲利普的信念。

那天與菲利普的訪談，在出發前我早就沙盤演練過，加上與他有關的書籍與報導、影片我都做了充足的功課，我知道他會如何回答我的提問，這段訪談只是想拍到他親口說出這些答案的畫面。但那個閃閃發光的當下對我來說是非常珍貴的經驗，那不是簡潔的新聞標題，剪輯後隔著螢幕的採訪影像，那絕對不是坐在沙發上電腦前能有的體驗，那是一個活生生的人與人的交流。

那也是我走這趟旅程無可取代的珍貴之處。

其中有兩段關鍵的問答，被導演剪進紀錄片中：

一是我問菲利普：「您所架設的網站，我只要登入繳費就能成為會員？」

他回答：「妳得要五十歲以上。」

我又問：「那麼要如何證明我是五十歲以上？」

他看著電腦中的網頁，顧左右而言他地回答：「其實網站妳從這裡點進去就可以。」

這擺明了網站並沒有嚴謹的審核身分機制。如果有未成年人成為網站會員，得到自我了結生命的資訊，他們無法分辨這些資訊該不該使用，難怪死亡醫生菲利普會有這麼多來自各界的爭議。

菲利普的宗旨是：任何人都有自由選擇死亡的權利。何時死，用什麼方法死，是與生俱來的人權。

因此設定限制，根本有違他的信念啊！設定五十歲年齡限制，只是做做樣子、徒具形式而已，如果有人謊報年齡加入會員，那不關他的事。

干預他人的人生？

另一個被剪進紀錄片的訪談，是第二天去菲利普家的採訪。

我問菲利普：「讓您毅然決然執行死亡信念的轉折點是什麼？」

他說：「有一回一名老太太來我的工作坊，我與她聊天，她說：『我可能幾年後會需要安樂死的資訊。』我問她：『妳如何知道幾年後需要知道這些資訊？妳能預知何時該死去？』她說：『幾年後我就七老八十了，活到這歲數就夠了。』我又問：『如果妳到那時沒生病，為何要死？』沒想到那老太太回答我：『你為何不管好自己的事就好呢？你沒有資格來管我的事！』」

菲利普說，這位老太太的回答當時對他來說是相當大的衝擊：**我是否逾矩了？我不應該干預他人的人生？**如果我相信每個人與生俱來有權利決定自己如何死亡，那便不該有年齡的限制，不該有因為病痛才能選擇死亡的限制。

他說：再者誰能定義「你很好，你沒必要去死」？

菲利普與太太住在郊區運河的船屋上，船屋固定在岸邊不動，另繫有一艘小船可供夫妻倆在河上四處悠遊。

我發現當菲利普的太太在他身旁時，他是另一種狀態，沒有專業醫生的強勢與武裝自己的緊繃感，而是展現身為人夫那一面的柔軟。

我很喜歡人的身上這種落差感，因此與導演討論也讓菲利普太太一起接受訪談，可惜導演認為：訪談只要針對菲利普就好，若他的太太也加進來也許會分散焦點，在後製上也不好處理，因此作罷。

儘管不如我所願，但我提醒自己：在未來半年的採訪期，一定會持續遇到這些狀況。受訪者在專業裡是一種面貌，而私底下的生活還會有另一種面貌，**我不能忘記這些備受爭議或受人敬重的受訪者，每一個都是活生生的「人」**。

如果有選擇的話

而第二天在船屋的訪談，有幾個衝擊，其中一個是菲利普的母親是在養老院走完她的一生。他母親知道菲利普是執行死亡的醫生，曾不止一次跟兒子要求：「我全身都是病痛，你就讓我走了吧。」

但菲利普說：「不行，如果妳就這樣走了，全世界的人都會知道是我執行的。」

菲利普幫助其他人死亡，但卻無法幫助最想幫的人，讓此人離苦得樂——他的母親。

由於菲利普那時還在澳洲，前面提到地方政府廢除了曾短暫合法的安樂死，對於幫助母親他無能為力。

當我聽到這一段時，驚愕不已，在其他訪談中，我從沒看到關於這方面的描述。或者說，即使在他敘述被攻擊質疑的過程時，他都堅定不已，但那一刻，我在他眼中看到「身為人子」的柔軟與遺憾。是啊！即使他是世人眼中的惡魔般的存在，他還是某人的兒子啊！

接下來當天最大的衝擊來了。菲利普戲謔又認真地對我說：「只要在家裡放一顆藥丸，人生就隨時可解脫。」

我質疑地說：「不可以！如果在家裡放一顆毒藥，我會隨時隨地覺得它在提醒自己去死，我為什麼要讓這東西提醒我？您不認為跟危險相伴是非常可怕的事？」

菲利普說：「不會啊！等你得到了這藥丸，就不必擔心任何事，可以放鬆地過好每一天，因為只要你想走的時候，都隨時可以走。」

這是種截然不同的邏輯。

而我在當下無法說他的想法是錯的。

因為在他的價值觀中，這是在幫助人更容易進入死亡的世界。對他而言這是再正確不過的事。而當你知道你是有選擇的，會不會更珍惜活著的每一天？因為你知道：「活著」是你「有意識的選擇」？

年齡是死亡的標準嗎？

我出發前針對死亡醫生做的功課，不管是透過文字還是影像，都像是隔了一層薄霧，當他實際坐在我面前，不管他說到死亡是一場盛宴、全身發亮的時刻，或是他看著我的眼睛，說「妳相信我，有了這藥丸人生會大不同」，在在讓我確認：他是真心相信並奉行這個信念在過著每一天。

我不禁認真思考：人是否有決定自己何時、用何種方法離開的權利？人為什麼不該擁有這種權利？

這問題若在辯論場上，想必會有一番激辯。

比方說：誰規定人沒有決定自己死亡的權利？哪個宗教有教義規定？你所信仰的宗教沒有教義規定就有權利？若你是無神論者呢？或是都沒人規定你，那你為何要相信人沒有權利？……有趣的是，拆解人的信念之後，往往會出現這樣的說法：個人有個人的選擇。

這問題不是數學方程式，也不是化學式，它沒有標準答案，也無法證明它是錯的。

死亡醫生菲利普之所以引起廣泛爭議，是一名有情緒問題的年輕人在得到菲利普提供的資訊後，結束了他自己的生命。於是年輕人的母親向菲利普提告，她控訴：就是菲利普害死了她的兒子。如果不是死亡醫生提供資訊，她兒子現在**可能**還活在世上。

問題來了：就算沒有死亡醫生，她兒子**可能**現在也不在世上。誰能決定她兒子可以活多久？也許她兒子注定要在這時間點走呢？就算她兒子十年後才走，但是否由於十年前種下的因，而得到這樣的果，如此一來死亡醫生就沒有責任了嗎？

他母親說：我兒子還太年輕，不應該這麼早死。

那麼年紀大的人死去就是應該？

用年紀來評斷人該活該死，這標準是誰訂下的呢？

誰能決定誰有死去與活著的價值？

在思考死亡醫生究竟該不該存在時，有太多問題能供人們反覆討論。

菲利普給人一種獨自對抗世界主流價值觀之感，讓我覺得：此人確實不簡單。

在採訪他的當下，我無法照單全收他的想法，比方在家裡常備毒藥這事我覺得很詭異，而許多更深入的思辨，是我回到台北之後才啟動的。

都是為了愛而做出選擇

第二天採訪完菲利普，當晚我們就飛去倫敦，這裡有三個採訪在等著我們，三名受訪者都是反對安樂死的人。

第一個採訪對象，是二〇一六年英國紀錄片《How to Die: Simon's Choice》（如何死亡：賽門的選擇）主人翁賽門．賓納（Simon Binner）的妻子黛比（Debbie）。

在出發前我看完了這部紀錄片，對我來說，我彷彿是跟著黛比與她的家人一同經歷了賽門的心路歷程——從發病直到以安樂死結束生命。

其實製作單位所安排的受訪者，每一位都有其特殊意義，比方說黛比與之後要去愛爾蘭訪問的湯姆．柯倫（Tom Curran），這兩人是截然不同的對比。黛比是曾經陪伴她的丈夫去瑞士接受安樂死，但結束之後卻成為反對安樂死的代表；湯姆則是陪伴妻子走完人生最後的旅程後，成為愛爾蘭最支持安樂死合法的鼓吹者。

黛比的丈夫賽門是名事業有成的商人，原本風趣、活潑的他，在二〇一五年一月被診斷出俗稱「漸凍症」的病，被醫生宣告來日無多，在病情急轉直下後，漸凍症奪走了他身體的自主權與說話能力，他不願眼睜睜看著自己一天比一天糟，活得毫無尊嚴，因此尋求早日解脫。

儘管黛比想陪伴賽門走完他人生最後幾年，反對他安樂死，但賽門卻試圖在家中結束生命，黛比這才明白丈夫的痛苦與強烈的求死意願，決定尊重他安樂死的決定。

當我採訪黛比時，她說出了心中的掙扎，深愛賽門的她，認為自己應該要尊重丈夫的意願；但另一方面她覺得自己被剝奪了，她認為死亡從來不是一個人就能決定的事，人的生命與他人息息相關，難道伴侶的陪伴權就該被剝奪？安樂死怎能如此霸道與野蠻？賽門的決定從來不是關於疾病，他使我們與人類存在的意義鬥爭，思考生命本身的神聖性。

因此在陪著丈夫去瑞士自主提前走完人生路之後，她成為反對者，在媒體上疾呼：安樂死在英國不應該合法。

去採訪黛比之前，我們知道她曾被邀請去對中學生演講，而校方還邀請了她丈夫的好友——名字也叫賽門，在演講中與黛比對談，而這位賽門是站在贊成好友去執行安樂死這一方的。

在我們採訪黛比當天，這位賽門也來了，於是我與黛比、賽門在鏡頭前聊了起來。賽門說出他之所以支持的原因，而黛比說著她無法對心中的難過釋懷。

當整段訪談快結束，我們聊到去世的賽門時，我突然意識到：這兩人都深愛著賽門。即使兩人的意見與論點截然不同，但由於對賽門的愛，兩人還是能坐在一起討論，依然是朋友，並沒有爭得你死我活。

當我察覺到兩人共同的愛，我便伸出手去握住黛比的手，黛比也伸手去握住朋友賽門的手，我們三人手握著手連在一起，讓愛成為彼此的核心，這個瞬間有著難以言傳的美，美妙無比。

可惜的是，這一段並沒有被剪入紀錄片中。

這段訪談帶給我一個珍貴的禮物，這世上非常多的仇恨來自於立場的不同，而黛比與她的朋友賽門之所以能坐在一起侃侃而談相異的論調，論調背後的基礎是他們對逝去的賽門的愛。

即使地球上的每一個人有著不同的信仰、信念、價值觀，但我們不能忘記我們是為了愛自己的生命、愛這個地球而選擇了特定的信仰與價值觀，不是為了仇恨而做出選擇。因此，即使人與人的意見不相容，依然可以坐在同一個平台上溝通並達到共識，而就算達不到共識，也依然可以手牽著手共同向前走。

探討安樂死是個漫長的旅程，而它不該只是一個人的單獨旅程；有別於自殺，它有更多人性親情友情，與社會有關的討論。活在這個世界上，我們並非獨自一人。

採訪結束後，騰訊的朱導跟我說：「寶儀，剛才那段太棒了！」

我說：「我也覺得很棒，但總是覺得我的英文不夠好，訪問似乎還不夠深入，心裡有些忐忑。」

朱導說：「與其當個英文很好只會唸稿的主持人，光是妳剛才伸出手握住受訪者那瞬間，別的主持人就一輩子都做不到！」

這一刻，我覺得自己被肯定了。導演一棒敲醒了我：英文好或不好，並不是此行重點。導演給了我信心。

沒料到，下午那名受訪者又打擊了我的信心（人生啊！）。這名受訪者是位信仰虔誠的醫學博士，他用極為饒舌的英文回答我的提問，關於這段故事，我在上一本書《50堂最療癒人心的說話練習》已有詳述。

這位博士的論點，簡單來說是：剝奪人的生命這件事，本身就是犯罪，毫無商量的餘地。

這段訪談，導演也沒有剪入。

製作《明天之前》紀錄片的初衷，不是給觀眾答案，而是讓觀眾能夠思考：自己的價值觀為何？要如何過自己的人生？盡量做到平衡報導。

我想最終這段訪談沒有納入紀錄片的理由，可能是這名受訪者只提供了理論，沒有個人生命本身帶來的省思與衝擊吧？

如何選擇？沒有標準答案

隔天，我們去採訪英國反安樂死的指標人物——珍．坎貝爾（Jane Campbell）。在我的上一本書也曾提過珍，她是一位擁有爵位的生命鬥士。

珍一生下來就是重度殘障，醫生跟她父母說，你們要有心理準備，她也許活不久。沒想到她活過了一甲子，並且致力為身障人士與人權發聲。

採訪她之前，我又緊張了起來——訪問一個戴著呼吸器操著濃厚英國口音的人，該有多難？先前看過珍的影片，在沒有字幕的情況下我完全聽不懂她說了什麼，再加上我沒訪問外國身障者的經驗，擔心一不小心冒犯了對方。

幸好她的幽默化解了我的緊張。對比她敞開的態度，我反而才像是個有障礙的人。奇妙的是，當我坐在她面前，看著她的臉、感受她的呼吸與情緒之後，我能夠聽懂她說的每一句話，得到她的全面性訊息，先前的顧慮完全煙消雲散。

在採訪珍的幾個月之前，英國差點要通過安樂死法案，就在珍去英國議會演講，成功說服贊成安樂死意見的議員之後，法案便被延宕下來。

當珍看著我的眼睛，對我說：「如果安樂死合法，像我們這種人在醫院遇到困難時，醫生也許會給家屬安樂死這個選項，或是給當事人這個選項。但為什麼我們要有這個選項？為什麼不是幫助我們活下來？難道我們這種人沒有活下來的權利？」

珍說著這段話時，我看到她跟死亡醫生菲利普一樣閃閃發光。

珍繼續說：「如果我沒活下來，我就不可能結兩次婚，還能有機會坐在這裡認識妳，聽妳說話。」

我不禁在心中吶喊：對！活下來！人都有活下來的權利！

珍跟賽門對我來說是強而有力的對比。

賽門原本是健康的人，被迫面對身體的衰敗，於是他認為：這不是他要的生命。一個連話都不能說、大小便無法自理的人，不如歸去。

珍則是一生下來就面臨身體的不自主，她一輩子無法走路與奔跑，行走坐臥吃喝拉撒都得靠他人的幫助，終身被輪椅與呼吸器禁錮。

這兩人的痛苦，要如何評斷誰的更苦？

與生俱來的痛苦跟後天的痛苦比起來，就比較容易承受？

痛苦能夠量化嗎？

誰能壓著賽門的頭去直視珍，並且說：你看，她這樣還不是活得好好的？活下來吧，當個勇敢的人。

你怎能論定這個選擇才是勇敢？

以上都沒有評斷的量表，更沒有標準答案。

我是這麼想的：**每個人的人生都是獨一無二，都有其獨特的路徑，不能用一個簡單的答案來定義對或是錯、勇敢或是懦弱、值得或是不值得。沒有人有資格這麼做，即使是神也不能這麼做。**

更別說在我對珍提起「死亡醫生」的名字時，即使她戴著呼吸器，我都能強烈感受到她嗤之以鼻的不屑。「人都有活下來的權利」「人都有決定自己生命何時完結的權利」，這兩個論點像天平的的兩端拉扯著我：「到底什麼才是真理？」

訪問走到這一刻，我彷彿呈現精神分裂狀態。

人們都渴望有結論，有結論才能將人生的事件各自歸檔。若沒有結論的資料檔太多，會使人混亂。但若硬是歸檔的不是正確答案，會導致思考其他事也跟著走錯方向。往往當人生走得很遠之後才發現，原來就是過去那個錯誤的歸檔才導致自己的人生歪掉了啊！

無法歸檔會使人煩躁，但無法歸檔的好處是：當你採取開放的態度，人生會更有彈性。

此刻我便是抱著這份彈性，繼續走這段未完的旅程。

檢視我的生命成績單

隔天一早，一行人坐飛機去愛爾蘭。一降落，就從都柏林直奔受訪者湯姆．柯倫所在的小鎮。

我們入住的飯店也是採訪地點，是湯姆的妻子瑪麗生前最愛去的地方，夫妻倆會在飯店的餐廳喝點小酒，吃著晚餐聊聊日常。

這是愛爾蘭歷史最悠久的百年飯店，一行人剛抵達時忙著拍照留念，我則已進入採訪的預備狀態，無心欣賞百年老飯店有多美。

湯姆來到飯店接受採訪，很快便投入在訪談中，我們才聊十多分鐘，湯姆就流下眼淚。妻子瑪麗的離去對他而言，太痛了。

湯姆說，當他去參加死亡醫生菲利普在愛爾蘭辦的工作坊，他看到他與瑪麗的女兒也在現場，兩人並無相約，而是他們都認為這可能是瑪麗的選項之一。父女兩人當場給彼此擁抱——他們的出發點是愛，都希望能減輕瑪麗的痛苦。

瑪麗與英國的賽門一樣飽受漸凍症折磨，她與賽門一樣不想面對身體無法自主、承受失去尊嚴的痛苦、以極度恐懼的方式死亡，而想先結束生命。由於愛爾蘭安樂死尚未合法，因此她向瑞士申請安樂死。

瑞士是世界上唯一接受外國人申請安樂死的國家，在瑞士想要得到安樂死的允許，需要通過多位醫生批准合格，才能與執行安樂死的診所預約時間。

在瑪麗決定去瑞士接受安樂死的一週前，湯姆問她：「如果我找到一個方法，能讓妳日後在家裡決定何時要離開這世界，妳是否會願意不去瑞士，留在這個世界久一點？」

瑪麗說：「我願意。」

而瑪麗這句「我願意」，讓她多活了三年。

湯姆一方面尋求方法（包含死亡醫生菲利普建議的方法），一方面獲得與妻子多相處三年的珍貴時光。他們把每一天都當作最後一天來過，視每分每秒為珍寶，留下美好而深刻的回憶。

由於安樂死在愛爾蘭不合法，到底湯姆有沒有採取菲利普建議的方法，我們並不知情。湯姆的說法是：我的妻子是自然而然地安詳離開人間。

對湯姆與瑪麗來說，安樂死不是放棄生命，而是正向面對生命，也因此在瑪麗去世後，湯姆成為安樂死的鼓吹者，與死亡醫生菲利普站在同一陣線。

離開飯店，我們隨湯姆去瑪麗的墓園，湯姆唸了墓碑上他為妻子寫的墓誌銘之後，說：「死亡不只是一個瞬間，摯愛的離開，帶給你的影響與悲傷是有延續性的。」

當湯姆說這段話時，我想起了爺爺。但節目還在錄製中，我只能忍住不讓眼淚流下，等湯姆將話說完。

當導演一說：「近景都拍完了，接下來我們拍環境的大景。」攝影師準備搬鏡頭時，我放任眼淚奔流，哭著對湯姆說：「你剛才說的話，讓我感同身受。我爺爺在醫院去世，當時病房裡有三十幾個家人忙進忙出，我沒有時間去想我已經失去他的這件事。直到那天我回家，走進爺爺的房間，看著他空空蕩蕩的床，心想他再也不會回來了，我才放聲大哭。」

湯姆過來抱著我。

我說：「我很抱歉。」

他說：「我明白的，我明白。」

由於我與湯姆都曾走過至親離世的歷程，我們知道那種心中的失落與被剝奪感時時刻刻會發生。我們之間的共鳴，讓我得以放下心中的忐忑。而那一刻我也明白，我不只是紀錄片的拍攝者，這也是我人生的旅程。這不只是一部探討爭議的紀錄片，也是我檢視生命的成績單。

結束這段訪問後，突然覺得輕鬆不少。我好像逐漸找到自己在片子裡的定位了。就在認為困難的採訪都完成後，沒料到英國導演竟說：「我們要臨時加一段訪問。」

原來導演想採訪一名曾經參加過菲利普的工作坊、打算為自己的生命尋求可能選項的案例。由於這個案例在都柏林，團隊能順道前往採訪，再去機場。

隔天一早離開旅館，在前往都柏林途中，導演特地將一行人帶到愛爾蘭海，拍些我站在海邊的空景。

直到此刻我才真的張開眼睛欣賞風景。之前腦子被安樂死這個議題與採訪塞滿，我什麼都看不進去。

當我站在愛爾蘭海之前，才真的有力量睜開眼，將壯闊的海景收進眼底，意識到我現在就在當下。

那天的愛爾蘭海很美，真的很美。

所有提出的疑問，也都在反問自己

這段臨時增加的訪問，其實並沒有剪入紀錄片中。主人翁是一名獨居，年約六、七十歲的男性。他家位於一處上等住宅區中，是一棟頗有年歲的三層樓大屋，房子後院還有一個陳年馬廄，外觀看得出來曾風華一時。

四月的都柏林還十分冷，當他一打開大門，我感受到一陣冷風撲面而來……屋子的一樓沒有電、沒有暖氣，室內與室外一樣冷颼颼。原來他只買了二樓的電與暖氣，在愛爾蘭是可以只付單層樓的電費與暖氣的。由此來看，或許他的經濟狀況有些拮据。

由於我們到訪，他才用木柴燒了爐火，屋內得以稍稍暖些。

而他本人也與這棟房子一般，看起來有種難掩的落寞，儘管他穿了一套西裝來受訪，一套看起來也頗有年歲的老西裝。

我不禁想，這位老先生是否過著不寬裕的生活，甚至過得很孤單。雖然我問他是否過得快樂時，他回答：「我過得很好啊，雖然我沒有結婚生子，但日子過得自由自在。每個禮拜我也會跟義子們去公園玩，與他們一起吃飯，我過得很快樂。」

我再問他為什麼去參加死亡醫生的工作坊，他淡淡地說：「我只是好奇，想了解一下而已。」

在他家，我發生了一件糗事。借用他家的廁所使用完了之後，我卻拉不開廁所門，當下我差點尖叫。那些有關老宅的好萊塢恐怖片畫面突然衝進我的腦袋，我死命拉門，最後門是開了，但手也劃破了，留下了血在他家門上……這段意外插曲，讓我感到些許不舒服。

離開這棟年久失修的老房子，我回想心中對那名老先生的評判，心想：我是否不該用自己主觀的標準來判斷對方是不是過得快樂？

我有什麼資格去評斷別人過得好不好？尤其是，我也不希望別人來評斷我過得好不好。

看向其他工作人員，有幾位跟我帶著同樣的表情走出他家——這個人過得不好。只有來自敘利亞的攝影師一邊收著腳架、一邊若無其事地說話了：「說不定在他自己的眼光中，他過得可好了。我不覺得他過得不好。」

看到這一幕，我更覺得是自己過度評判了。一定要子孫滿堂、生活過得光鮮亮麗、有電有暖氣，才能得到快樂？……這段訪問帶給我最珍貴的反思在此。

訪問他人，同時也在觀照自己。

我想到出發錄製《明天之前》不久前，曾有一名主持人對我說：「寶儀妳這個工作不接、那個工作不做，一年才做一、兩檔節目，妳太懶了啦！」

當我聽到「懶」這個字，臉帶微笑地回應對方，沒有為自己辯解，但心中的不舒服感油然而生。

我工作接得不多，但我可沒閒著，而他之所以說我懶，是因為那朋友總是把工作排得很滿，從這個標準看來，我是個懶人。但他卻沒問我這麼接工作的理由。

由於曾被如此看待，在這段旅程中，我提醒自己不要用同樣的價值觀來過度評斷他人的人生。

表面上，我在拍攝的是大規模的紀錄片，是我在訪問他人，並且用各種角度拼湊出每個大題目的全貌，但實際上，所有訪談的問題最後都回來問我自己——我為什麼對某個話題感到生氣？為什麼感到難過？勾起了我哪些回憶？跟我的生命有何關聯？……**從外在看來，這是一趟不斷移動的大旅行；對內在而言，這也是一趟照見自己的旅程。**

旅程一開始，我被求好心切的壓力困住了，但走到此時此刻，我漸漸鬆開加諸自己的束縛，旅程也漸漸變得更有滋有味。

離開都柏林，我們再次飛往阿姆斯特丹。回到阿姆斯特丹是為了拍攝「殯葬嘉年華」，這是死亡醫生菲利普的主場——他將首度向全世界發表得意之作「Sarco」。

殯葬嘉年華在一座教堂內舉辦，來參觀的群眾可獲得各式各樣的殯葬資訊，如果想體驗試躺「Sarco」也行。為了節目，我有些不情願地躺進去了……還記得我當時看的VR影片是沙漠風情，影片一結束，便盡速逃離這狹小的密閉空間。

我發現，菲利普在鎂光燈下成為焦點時的眉飛色舞，與訪談時大不相同。我理解他需要曝光與宣傳才能維持「生意」，但這是否違背了他真心想幫助人們優雅地死的初衷？該如何拿捏兩者之間的界線？難道所謂信念只是一種角色扮演？關於這一點我無法評論，也無法論斷對錯。

離開殯葬嘉年華，結束將近一星期的採訪，我能先喘口氣飛回台北。我突然覺得天空亮了、肩膀鬆了、胸口開了、東西變好吃了，也能好好跟人說話了。養精蓄銳，準備下一次的出發。

阿姆斯特丹・在教堂舉行的殯葬嘉年華

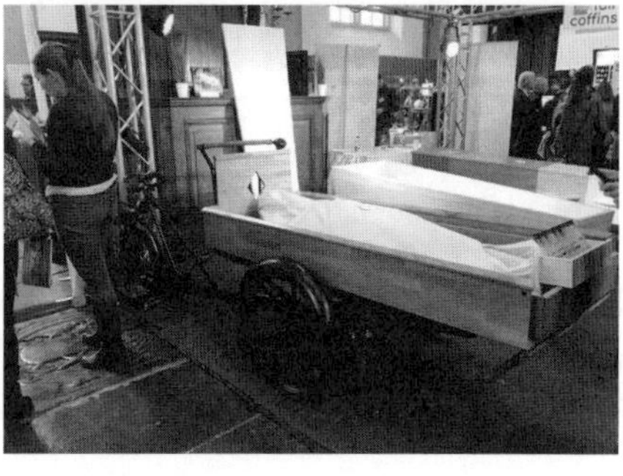

＊＊＊

原本預定五月底去冰島玩，六月去洛杉磯做另一集紀錄片〈性愛機器人〉的採訪。有一個多月時間能休息，不必天天說英文，我心想實在太棒了。

誰料得到五月六日那天，我們看到了大衛．古道爾（David Goodall）的新聞。大衛是澳洲的生態學家，一〇四歲的他，宣布五月十日將在瑞士接受安樂死。而死亡醫生菲利普的機構是協助大衛諮詢的單位，他們還為大衛群眾募資籌到飛往瑞士的機票，也派護士隨行。

英國導演一看到這新聞，立刻聯絡了菲利普以及北京的團隊，北京再聯繫我。五月六日當天晚上，大夥兒在群組裡討論著要不要去採訪。

我知道這段訪問將會非常珍貴，但它實在來得太突然了，我沒有時間做準備。能不能做得好呢？應不應該做呢？

這件受到全世界矚目的大事，剛好又與我們的紀錄片主題相符，真能不去嗎？

還有一個顧慮是：除了記者會保證能拍攝，沒有人敢打包票一定拍得到專訪，以及陪大衛走完最後一程的畫面。

因此我與英國導演都持保留態度，北京方面也猶豫不決。

再者，所有人員去瑞士這一趟，將會增加製作費，種種不確定性與預算壓力，讓所有人內心掙扎不已。

六日那天討論到深夜，北京方面終於拍板敲定：拚了！時間緊迫。我這裡立刻聯絡化妝師與翻譯相關人員，七日上午訂好機票，快速打包行李，當天晚上就飛往瑞士。

採訪傅達仁和大衛・古道爾

《明天之前》觀眾不知道的是，四月第一次去阿姆斯特丹之前，三月的某一天，我去拜訪過傅達仁先生。

當我訪問他時，他熱情地侃侃而談他的人生經歷，以及做安樂死的決定，但當一個多小時訪談結束，他的活力立刻如洩了氣的氣球般萎靡，必須立刻回房休息。

我看到他整個人垮下來那一面，以至於他後來去瑞士的影片公開在網路上時，我完全沒辦法看，我不忍心看。

對我而言，與傅達仁先生有過生命交集，這才是最珍貴的，我不想在我們的回憶中，再置入其他內容。讓安樂死的過程成為我生命的一部分，那對我來說太沉重。

而當我做完大衛的採訪，我知道最難以承受的是離世者身邊的人。就算心理建設做足，身體的疼痛與心痛，誰能量比哪個比較痛？

同時我也更能理解傅達仁先生當時的心情：請給我這個權利，讓我完成人生最後一個願望吧。

除此願望，人生已別無所求。

這也是大衛·古道爾的心聲。

大衛·古道爾在澳洲加入了死亡醫生菲利普的諮詢團體，因此由團體裡的護士陪伴大衛去瑞士。他們先到法國見大衛家人最後一面，再飛往瑞士巴塞爾。

菲利普知道這是宣揚他理念的好機會，因此他歡迎全球各大媒體前來拍攝。

我們先打聽好大衛所下榻的飯店，也打算入住同一間。在巴塞爾機場時，北京與台北我們一行人共五人集合會面，準備搭計程車去飯店。

但問題來了，來的第一輛計程車五個人坐不下，要分坐兩輛車嗎？由於我們在機場磨蹭討論是否再等另一輛能塞進五人的計程車，這段消耗掉的時間，卻碰巧成就了一段巧合。

由於延宕離開機場的時間，我們才得以在計程車開進飯店花園時，正巧看到護士推著大衛進花園，向我們迎面而來。

此刻全車的人都激動了起來——機不可失！快！快把機器拿出來！不管了先用手機拍！

我們衝下車，我先去向大衛打招呼，與此同時，北京監製金輝與我的經紀人阿牛拿著手機將我與大衛的互動錄影下來，兩支手機同時拍著。

北京另一名執行製片人子健則快速把手持攝影機與麥克風架好，生怕錯過任何一個畫面。

大衛突然送給我們這份獨家大禮。原來他來到花園是為了用午餐，我先詢問死亡醫生菲利普的太太能不能採訪大衛，她說：「妳可以跟他聊天，沒問題的。」

在沒做任何準備下，我向大衛搭訕，閒話家常。雖然只是聊天，但對我而言，這段談話比第二天我坐下來與他正式訪談還來得更真實與珍貴。

何時該離開這個世界？

當時有溫暖的陽光灑落在花園中，我還記得當我面對大衛，像孫女一般蹲在他面前聽他說話，近距離看著他的臉、握著他的手時，我腦子閃過一個念頭：他真的好老啊。

大衛的皮膚不停掉下小屑屑，手的皮膚非常皺。當他喝著茶時，茶水會不自覺從他唇邊流下……

大衛是我訪問過最老的人瑞，看著他帶給我強烈的衝擊感。

在他身旁陪他用午餐，對於我的問題，他以輕鬆的方式回應我，或是不時開玩笑地說：「歐洲人真不懂得做茶，我不該點茶喝的。」

我問他：「對您來說，安樂死是個困難的決定嗎？」

大衛說：「對我來說是個很簡單的決定，因為我這幾年的生活已經變成悲劇了。我一直盡力在忍受生活，雖然希望自己有能力享受它，但現在已經不可能了。我真希望澳洲政府能讓安樂死變得容易，但政府一直說不不不，所以我只能向瑞士尋求幫助。這不是最好的選擇，我真的不想選擇在瑞士結束生命，要是能直接在澳洲安樂死就好了。」

我注意到大衛的衣服上印著一句話：丟臉地衰老。

於是問他：「如您衣服上這句話所說，您真的認為衰老是一件丟臉的事嗎？」

他說：「我不太清楚今天選了哪件衣服穿，但如果我穿著這件衣服去演講，我想那會有很好的諷刺效果。」

儘管已高齡一〇四歲，大衛仍不忘幽默。

他繼續說：「我不認為衰老是丟臉的，人們想活得久是很正常的事，但我寧願在沒這麼老的時候死去。我也曾經認為長壽很好，直到九十五歲之後大部分的生活我無法自理，被吊銷了駕照，對我而言這是結束生命的開始。」

我接著問他：「離開這世界後，你最想念的會是什麼？」

他回答：「我會很想念在斐濟做研究的那段時光。」

高齡一〇四歲的大衛身上沒有任何慢性病，兒孫成群，年過百歲的他仍然在大學教書做研究，從一般人眼中看來，他沒有安樂死的理由。

我猜想，也許最主要的原因是我看過的一則報導：一、兩個月前，獨居的他在家中跌倒，三天後才被來幫忙打掃的人員發現。整整三天無法求救，只能躺在地上，這三天的他到底經歷了什麼？他會想些什麼？

於是我問大衛：「是因為你在家裡跌倒了，才做這個決定嗎？」

他說：「不是。在我不能自由旅行、不能自在閱讀想讀的書、沒辦法好好教書，那時我就覺得差不多了，我該離開這個世界了。」

我們那天下午在花園的互動非常自然。我臉上一點妝也沒有，頭髮由於十幾個小時的飛行而亂七八糟，也只能用簡單的英文與他交談。儘管如此，這段時光比任何訪問都來得有價值。

最後與他道別時，我說：「我也住在這間飯店，先讓您休息，這兩天我們應該還會再見面。」

他執起我的手，親吻了一下。

我也親吻了他的手。

在那一刻，我們祝福了彼此。

沒有死亡陰影下的悲傷與恐懼，我們就像來自地球兩端的忘年之交，一起在瑞士飯店有著美好陽光灑落的花園裡，吃了一頓愜意的午餐。

我們就像來自地球兩端的忘年之交，
一起在瑞士飯店有著美好陽光灑落的花園裡，
吃了一頓愜意的午餐。

＊＊＊

英國團隊抵達飯店，得知我們已先採訪後，英國導演卻說：「我們沒有拍到，這不算是正式的採訪，我們不會用。」

當時我其實有些沮喪，我認為不可能有比這更好的採訪。那是在如此自然下發生，不是刻意裝模作樣的產物。

我不懂為何英國團隊堅持要再另做一次專訪。雖然我內心糾結著，但尊重英國導演的決定。

此刻，出發前的疑慮又回到心中：我在這個團隊中的定位是什麼？我扮演什麼樣的角色？是記者還是主持人？是一名觀察者？一個好奇的民眾？我到底是誰？……

生命的歡樂頌

巴塞爾第二天，英國導演安排了一些採訪行程，包含當天上午的正式記者會，以及機動性訪問陪著大衛來巴塞爾的護士、死亡醫生菲利普等相關人士。

由於時差，第二天早上我四、五點就醒來了。採訪都安排在白天，這對我來說反而是很好的生理時鐘，早起我能有充分時間靜心，或是準備當天的採訪。

當我們抵達記者會現場時，陣仗之大，彷彿全世界的大媒體都來了。美國CNN、英國BBC、澳洲ABC、路透社……原本就不大的宴會廳擠得水洩不通，但東方面孔只有我們。幸好，在亞洲能確保我們是獨家。

大衛由孫子陪他到現場，孫子也是從另一個城市特地飛到瑞士，陪爺爺走完人生。

雖然會場內擠滿媒體，但氣氛卻瀰漫著一股凝重，有種山雨欲來之感。

一名記者打破沉悶的氣氛問大衛：「在您的最後一刻，您會放點什麼音樂嗎？」大衛說：「我應該會放《歡樂頌》。」

說完，大衛竟大聲唱出貝多芬第九號交響曲中的《歡樂頌》。他的歌聲，鎮住了現場所有人。

瞬間，會場內彷彿亮了起來。這顯示大衛仍是活力充沛，他並非虛弱到必須結束生命的老人。

而這反差，又更加突顯這整件事的荒謬，與考驗著我們一般人對死亡甚至是安樂死的認知。

接下來，我們打聽到大衛的孫子可能會推著爺爺去附近植物園散心。這段出發前的空檔我們訪問了護士，我問護士：「為什麼大衛的家人沒打算幫他請二十四小時的看護？或許他就不必面對跌倒三天後才被發現這件事。」

但護士反問我：「換作是妳，妳想要嗎？有人二十四小時監視著妳，盯著妳的吃喝拉撒睡，妳想過著這樣的日子嗎？」

我被護士問倒了。

對於家中長輩，我們理所當然認為要全天候無微不至地照顧，這似乎就是最好的安排，但我們從來沒有問過長輩：你們想不想要？

會不會長輩為了讓晚輩不那麼愧疚，把自己的尊嚴放到一邊了呢？這麼一來，反而是強加壓力在長輩身上。

如果連你自己都不想要過這樣的生活，又為什麼你會覺得這是最體貼長輩的方法？

我重新思考了過去認為是理所當然的價值觀。

大衛在現場竟然大聲唱出
貝多芬第九號交響曲中的《歡樂頌》。

代替世界擁抱大衛

大衛坐著輪椅被孫子推出來，準備去植物園散心。製作團隊也跟拍這段過程。但我心中十分矛盾，想著：可不可以不要再拍了？就不能把大衛人生的最後一天留給他家人嗎？

而我們還追著他們拍，並且追問：我們是否能做專訪？

我在心中吶喊：不要再拍了，用我昨天採訪的畫面就好了！這就足夠了，不要再打擾祖孫珍貴的相處時間！

但另一方面，我又怕導演會認為我是想偷懶，才不願意跟拍。

終於，導演成功說服了大衛做一段專訪，就在植物園中，我們找了個涼椅坐下。專訪當時，在我們周圍除了大衛的親友，還有一些國外媒體在側拍。

我不得不問與昨天相同的問題，有的問題則是顧慮大衛的親人不敢再問，例如跌倒這一題。

令我訝異的是，相同的問題，昨日與今日卻有不同答案。

昨天我問大衛：「離開這世界後，你最想念的會是什麼？」他回答：斐濟。但今天他的回答卻是：「我不相信死後的世界，何來想念之說。」

我被這個回答撂倒。

因為我相信有死後的世界，才認為會有想念，會有念念不忘，會有想徘徊停留的地方。但我從沒想過對某些人來說，死後世界並不在他們的價值觀中。

以至於接下來所問的問題，對我而言已無法在心裡激起漣漪。那些問題是我的問題不是他的問題，在他心中，早就雲淡風輕。

最後我說：「我們能靜靜待在這兒一分鐘嗎？」

這是我的浪漫。有時候不必說任何話，只需靜靜感受這時刻就好。我會永遠記住這段時光。

當我還在沉靜中，沒多久大衛說話了：「Well Well，大家都看著我們，怪不好意思的呢。」

我笑了。最後的最後，我給大衛一個擁抱。

沒想到這一幕被國際新聞社拍了下來。隔天早上起床，我發現我登上各國網路媒體的版面！除了歐美、澳洲媒體，還有韓國等亞洲媒體，都大大刊登著我擁抱大衛的照片。

我問北京的朱導：「為什麼大家都愛這張照片？」

朱導說：「可能在某方面來說，妳代替這個世界擁抱了大衛吧。」

還記得中天新聞有名主播，一早起床搜尋新聞網站也看到這張照片，在臉書上發文驚訝地說：「這個人是曾寶儀嗎？她為什麼會出現在那裡！」

有人把貼文轉給我看。這段話太好笑了，我永遠不會忘記。

導演說，某方面我代替世界擁抱了大衛……

EXPRESSDIGEST Home Magazine Advertise with us

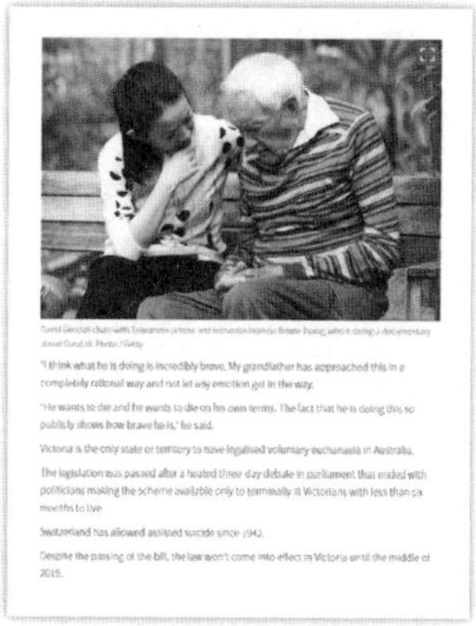
"I think what he is doing is incredibly brave. My grandfather has approached this in a completely rational way and not let any emotion get in the way.

"He wants to die and he wants to die on his own terms. The fact that he is doing this so publicly shows how brave he is," he said.

Victoria is the only state or territory to have legalised voluntary euthanasia in Australia.

The legislation was passed after a heated three-day debate in parliament that ended with politicians making the scheme available only to terminally ill Victorians with less than six months to live.

Switzerland has allowed assisted suicide since 1942.

Despite the passing of the bill, the law won't come into effect in Victoria until the middle of 2019.

NZ Herald《紐西蘭先驅報》

Gormley: The messy world of suicide tourism

Ottahla Citizen《渥太華公民報》

EXPRESSDIGEST Home Magazine Advertise with us

Documentary: Dr Goodall gets a hug from Taiwanese actress and television hostess Bowie Tsang during the filming of a documentary film about Goodall

Expressdigest 美國《即時摘要》網路報

The West Australian

Perth scientist David Goodall to end his life in Switzerland on Thursday

AAP

Perth professor lands in Switzerland to legally end life

STOP AUTOPLAY

The west Australian ！《西澳洲報》

Goodall talks with Taiwanese actress and television hostess Bowie Tsang, who was participating in a documentary film about Goodall, at the Basel University Botanical Gardens.

SEAN GALLUP, GETTY IMAGES

Goodall gets a hug from Taiwanese actress and television hostess Bowie Tsang during the filming of a documentary film about Goodall at the Basel University Botanical Gardens.

SEAN GALLUP, GETTY IMAGES

USA Today《今日美國》

七年前與七年後

到了下午，在英國導演的窮追不捨下，約到大衛的孫子讓我們採訪。這段訪問我在《50堂最療癒人心的說話練習》中也曾提到。

當我訪問大衛的孫子時，一開始他的心情很鎮定，他說：「我是上禮拜才得知這件事，一開始我也是十分震驚，但我尊重他的選擇。」

我問他：「你現在心裡的感覺如何？」

他說：「當然很難過，很不捨。」

說完這話，他突然停住了。

於是我也停頓下來，我意識到，此刻必須讓他的悲傷流動。

而我沒想到的是，他最後竟站起來，把麥克風拆了之後，轉身離開現場。

他說：「我沒有辦法再繼續這個訪問。」

但有件事上一本書裡沒說，其實他走了之後我心中一股自責感湧現，不爭氣地哭了。

導演安慰我：「妳不必自責，這是他必須要去面對的事。」

後來我才明白，專訪大衛之前我心中的矛盾拉扯，一直到採訪他孫子，會有這麼大的情緒反應，是我回想到七年前爺爺過世，在殯儀館舉行儀式時有媒體來拍攝。從火化場走出來時，孫子們分別拿著爺爺的照片、引魂幡與骨灰罈。我們心中存在巨大的悲傷，但在前面等著我們的是一排閃光燈，當時我心中升起一股怒氣：你們到底懂不懂發生了什麼事?!你們懂不懂我們的心情？

而此時，角色互換，我正扮演著當時的媒體。此刻我站在攝影機的後面，成為不得不去採訪的人。我知道坐在我對面的人正在承受什麼，但我必須要完成我的工作。因此我的自責非常強烈。

不禁想，大衛的家人此刻心中會不會也吶喊著：你們到底在幹什麼?!我們將面對的是至親的離去，你們到底理不理解我們的悲傷？

拍攝〈告別的權利〉這段旅程，從頭到尾我不斷與七年前的自己對話，不斷交換不同處境，去思考所有來到我面前的人與事。

因此當導演安慰我說這不是我的錯時，我斬釘截鐵地反覆說：「是我的錯！是我的錯！」

七年前與七年後的情緒交疊在一起。

七年前我那無處發洩的巨大憤怒，那無法消化的悲傷，在此刻又以同樣強度回到我身上，因此我無法遏止地責怪自己，夾雜著悲傷與憤怒的淚水，無法停歇。

＊＊＊

大衛告別世界的日子到來。那天我同樣起了個大早，並且挑選了一套黑衣。

前幾天都是好天氣，這天一早卻下起雨來。

我們陪著大衛以及他的家人去執行安樂死診所的現場。

看著大衛上車之後，再坐上我們的車，英國導演沿路問我：「寶儀，妳在想什麼？」

當時我回答了這個問題四、五次，但每次都語無倫次。

我重複地說：「我不知道我現在在做什麼？」

我在採訪？我在送一位老人家最後一程？我去見證他人的死亡？當時我腦中沒有任何消化這件事的機制。

這到底是什麼？我到底在幹麼？大衛孫子心中的問號，或許和我是相同的。

整段旅程都像一面鏡子般照見我自己，我無法超然地以記者或主持人的客觀角色面對。一團混亂的我只能對鏡頭說：「我真的不知道我在幹麼。」

而導演也用了這畫面。他認為這個畫面能具象地表達這整件事的矛盾與衝突性。

我們在等待什麼？

到了現場，仍然有許多媒體到場。大衛與他的親人圍坐在房間中央的長桌。有媒體想上前對大衛說話，但此刻我一句話也說不出口，也不認為我有資格走上前去說些告別的話。

我站得遠遠的，觀察這一切。

診所裡的人員忙進忙出處理事情，大衛似乎等得不耐，忍不住出聲問了：「我們到底還在等什麼呢？」

當他一說出口，所有人都愣住了。

此時，他的孫子反而笑了，說：「我們還有一些表格要填。」

大衛便說：「總是有這麼多表格要填。」

所有人這才跟著笑了。

這些笑聲令我稍稍放鬆。這一刻我看見幽默的珍貴——笑，能讓緊繃的能量找到宣洩的出口。

當下我突然明白，大衛早已準備好了，他人的悲傷對他而言沒有任何意義。那麼身為旁觀者的我，到底在糾葛什麼？到底為了什麼要無所適從。

此時此刻，我知道自己要以何種角色站在這裡了，心中糾葛倏地鬆開。

這時有人進來說話：「時間到了，大家可以出去了。」

所有媒體移動到另一個房間等待。

記得我等了好久好久，遠遠地還看見有媒體怕漏了獨家畫面而與機構人員起爭執。這時候還想著獨家？當然我也了解，他們只是盡忠職守。

在等待中我甚至說：「我們在等待什麼？在等待一個早就知道的結果？這實在太荒謬了。」

我在等待室中走來走去，心想：不如來看書吧。書架上只有魯米的詩集是英文，其他都是我不懂的語言。

拿起魯米的詩集，先翻開一頁，讀著讀著，覺得有點意思。

我問攝影師，你要不要問個問題，我們再來翻頁讀出詩句。

攝影師笑了。

我又想到，或許我可以問問這本詩集，今天到底要教會我什麼？

在心中默唸問題，隨意翻開一頁，上頭的鉛字印著：

Today is such a happy day,
There is no room for sadness,
Today we drink the wine of trust from the cup of knowledge,
We can’t live on bread and water alone,
Let us eat a little from the hand of God.

看了第一句我便笑了出來，答案多麼清楚明白。

老天爺又再次送了我禮物。

如果一路走來，我都在學習死亡不一定是悲傷，我為什麼要被悲傷困住，並且緊抓住它不放？

或許我們能從這件事中得到一份禮物，這份所愛的人離開而留下來的禮物，我們有沒有拆開它並好好學習。

這首詩的中譯是這樣的：

今日如此美妙，
沒有可讓悲傷容身之處，
今日讓我們從知識之杯裡啜飲那叫做信任的酒，
既然不能只靠麵包與水過活，
就讓我們吃點從神的手中接過來的食糧吧。

讀完這首詩後不久，診所有人出來宣布大衛的死亡時間。

我告訴自己，這首詩不只是給我答案，它也給了〈告別的權利〉這部紀錄片一個答案。於是我將詩集這頁拍了下來。

在拍攝紀錄片的結尾時，我朗讀了這首詩送給所有觀眾。我也很慶幸導演用了這段畫面。

我想他們也明白，這的確是老天爺送給我們的禮物——如果我們能認出它來，並且明白它是如此珍貴。

當我們辨識出它來，就會將它好好地收藏。

最後，我把我的愛與祝福送給大衛。

我相信有死後的世界，他在那裡將被眾人的愛與祝福擁抱。

而最後的最後，我終將與那些悲傷與不捨道別。

Today is a
GOOD DAY
to have a
Good Day!

這份禮物讓我好好收藏。

旅程2

性愛機器人——什麼是性？什麼是愛？

「關關雎鳩，在河之洲。窈窕淑女，君子好逑。」

——〈關雎〉《詩經》

從小受東方教育，對於性總有點難啟齒，因此跟安樂死比起來，「性愛機器人」這議題一開始我沒那麼有興趣。這一趟旅程，人與人之間的「關係」以及「愛」與「性」的關聯才是我不斷琢磨的重點。

人與人為什麼要建立關係？

無條件的愛與支持才能經營理想的關係？

所謂關係可以自我認定？

性與愛可以各自獨立存在？

人類的愛與性在AI時代會朝何種方向前進？

人類為何逐漸草食化？……

或許肚臍以下的思考漸趨佛系化，與肚臍以上的思考有關……

人與人真實交流的溫度

我曾看過一則報導，台灣目前大學內的社團數量在縮減中。過去大學社團的主要功能是提供男女交友的平台，但如今男大生想交女朋友的欲望降低，使得社團招不到足額學生，只能收攤。

對於聯誼活動男大生也沒那麼熱中，他們寧願玩手遊、電玩，或是只跟男生社交，也不願去跟女生玩遊戲，使得參加聯誼的人以女生居多。

專家分析，過去的人們玩樂管道少，需要透過交朋友與談戀愛證明自己的存在，但現在年輕人能玩的選擇變多了，網路、手機、電玩等等，「與人交往」只是眾多選項之一。而「與人交往」對年輕人來說既花錢又花時間，還是跟機器玩簡單些，不需要討好任何人，手邊的錢全為自己所用，生活中少了許多「麻煩」事。

因此才有所謂「草食化」「佛系生活」的社會現象出現。人與人之間不戀愛、不水乳交融，繁衍後代的本能漸漸消逝，可是對於渴望有人陪伴以及「性」的需求也會因此消失嗎？

我始終相信人與人之間需要真實交流的溫度，對於與冰冷的ＡＩ機器人建立性關係這件事帶著疑慮，再者性愛娃娃的使用者以男性為主，因此這趟拍攝製作團隊邀請堂弟跟我同行，相信透過他的男性觀點，能使節目內容更客觀全面一些。

堂弟一聽到有機會親眼見到全世界最先進的性愛機器人，毫不囉嗦一口答應，甚至大肆跟他的朋友炫耀，還跟朋友討論集資買一個回來……不禁預想他見到機器人那刻的畫面該會多興奮。

出發前照例做了許多功課，我看了大量與性愛機器人有關的紀綠片，越是往下鑽研，越是發現關於這議題有太多有趣的事可談，不只男性有這方面的需求，女性也有，只是要求的功能不同……某些先入為主的觀念被我擱置一旁，重新整頓心情出發，帶著具有彈性的「批判性」立場，相信我絕對不虛此行。

＊＊＊

五月去瑞士拍完大衛．古道爾的安樂死紀實後，回到台北略微休息。計劃五月底飛往冰島旅行，再飛倫敦與英國的團隊集合，完成〈告別的權利〉最後針對工作坊的拍攝，之後便與團隊一起飛往洛杉磯。

這裡必須說個題外話，在倫敦飛洛杉磯的班機上，我巧遇影集《六人行》飾演Monica的寇特妮·考克絲（Courteney Cox）。身為《六人行》鐵粉的我實在太興奮了，在機艙中不斷注意她的一舉一動，沒想到下飛機取行李時，她居然站在我旁邊！我覺得這輩子可能只有這次機會與《六人行》的演員合照，因此造次地跟寇特妮說：「我能跟妳合照嗎？」於是我得到一張與Monica的珍貴合照！

我也是藝人，深知飛行了十多個小時的樣貌有多麼不適合拍照、有多麼不希望被人打擾，但錯過這機會我會後悔一輩子，才史無前例地開口，而寇特妮也親切地欣然同意，就當作這是辛勤工作給我的額外福利吧。

這世界有人需要陪伴

洛杉磯的第一個採訪對象是性愛機器人的製造公司——Abyss Creations，創辦人兼CEO是麥特·麥克穆倫（Matt Mcmullen）。

到了Abyss Creations門口，我跟堂弟做了個搞笑開場，他果然興奮度破表，而幸好有他在，我才得以用放鬆的態度來面對這個陌生的領域。

Abyss Creations派來接待我們的是渾身打洞刺青、走藝術家路線的女員工，我心想：在這家公司上班需要這麼有個人特色啊！

一踏進這家公司就讓我驚呼連連。首先參觀展示真人大小性愛娃娃的區域，娃娃的皮膚如同真人般滑膩Q彈，只差皮膚摸起來是涼的，只要再有「**溫度**」，便可媲美真人。

整個娃娃製作的細膩度讓我嘆為觀止，比方說娃娃貼了假睫毛與指甲彩繪，而她的舌頭是能伸出來的……其他細節就不再多加描述，只能說為了服務性需求，Abyss Creations製作的性愛娃娃的確是品質頂尖。

而我也發現，這裡所展示的性愛娃娃，幾乎是同一種樣板——細腰豐臀大胸部，完全符合「一般」男性對性感的定義。當然這裡也有客製化娃娃的服務，畢竟青菜水果各有所好，但也不難看出坊間鼓吹的「主流」偏好。

特別的是還有一種名人授權的版本。比方說由知名A片女星授權的娃娃，臉部與身體特徵完全與真人一致，充分滿足購買者與粉絲的幻想。

接下來接待人員帶我們往另一個區域——Abyss Creations的工廠，這裡便教我瞠目結舌了。

各種尺寸與形狀的乳房、各式各樣的男性與女性私處、不同膚色的軀體……真可說是琳瑯滿目，看得我目瞪口呆……我一時無法想到要去看其他男性的表情，我想他們同樣震撼。

此刻，我心中升起異樣的感覺，這些「零件」能說是賞心悅目嗎？更別說是可以燃起人的慾望。而人就是「零件」的總合嗎？果然少了「上帝的那口氣」還是不行啊！

接下來進入實驗室。

這裡有四名工作人員，語言程式、ＡＩ、工程……各司其職。他們負責的是此集紀錄片的重點——ＡＩ性愛機器人Harmony的開發製作。

其中負責工程的是一名女性，她與丈夫都在此工作。當天拍攝工作完成後，我與導演說：「我很想訪問這名女性職員。」我想知道在這種場域工作的女性的內在想法，而導演也同意我的提議。

這名女性職員接受我訪問時，直率地說：「這是我夢寐以求的工作。當我的同齡朋友都還在玩洋娃娃時，我的夢想就是做機器人，而現在我圓夢了。在做性愛娃娃時，我不放任何道德判斷。這個世界有人需要陪伴，我只是提供了陪伴。」

以下這段我認為更深入的說法，紀錄片卻沒剪入，她說：「當我工作一段時間後，收到了使用者的回饋，更讓我確信這份工作的價值。有的使用者因為喪偶而足不出戶，有的是無法和人發展親密關係，有的是在接受性治療……透過與性愛娃娃相處，他們漸漸敞開了心房，走出家門，或是得到療癒與陪伴。當我看到這些回饋時，真心覺得自己做的是好事。再說，如果做機器人是我從小的夢想，那麼為何要去評斷做的是哪種機器人？」

「我」是什麼？投射了什麼？

接著採訪「Harmony」——世界第一具AI人工智能性愛機器人。說是「採訪」，其實只是訪問她的「頭」而已。Abyss Creations讓我們先參觀Harmony「頭部」的組裝過程，看著她由零件組成一具有形貌的物體。

首先我想到的是，她為什麼被取名為「Harmony」？她能帶來平衡與和諧？是達到了AI與性愛娃娃之間的平衡，還是她的存在讓使用者達到了平衡？這名字的意涵挺有意思。

一開始，我先與Harmony「聊天」，Harmony所連結的說話應用程式，很明顯來自她與開發者麥特之間的對話紀錄，Harmony所說出的都是麥特的喜好與習慣。在我看來她就像Siri，只是我們能看到她說話時有臉部表情罷了。

Harmony的臉部表情是演算後的結果，她的笑聲與反應在在讓我覺得：好假。在那當下看到Harmony並沒有給我太大衝擊，她不過就是在機器外頭套上仿真的人類皮囊，而她的思考邏輯，是人類給予她的。

首波衝擊反而來自於有工作人員問我：「如果有一天，有廠商做出了曾寶儀性愛娃娃，妳認為這是OK的嗎？」

我說：「當然不OK啊！我會感到不舒服。」

之所以不舒服，是因為我覺得自己被「侵犯」了。如果真的有個曾寶儀娃娃問世，真的有人對這娃娃做了什麼事，我會認為自己被侵犯了。

但我事後回想，這個「我」是什麼？我到底投射了什麼在娃娃身上？這娃娃只是長得像我，就讓我產生被侵犯的感覺，是不是我自己想得過於複雜？

而且為什麼我要感覺被侵犯，那娃娃又不是「我」，是複製出來的「物品」，上頭沒有任何我的ＤＮＡ，使用者侵犯的是意淫中的「我」，我有受到真正的傷害嗎？嚴格來說：沒有。

從被問到的當下，感覺到被冒犯的不舒服，一直到日後發現我若不把自己置入，其實就沒受到真正傷害，是一段有趣的思辨過程。

如果我不把自己放在被冒犯的位置上，就沒人能來冒犯我。

第二波衝擊則來自於一具男性的性愛娃娃。這男性娃娃穿了條牛仔褲，擁有厚實的胸肌。

在沒看到那具男性娃娃之前，我認為：誰會需要這種東西，誰看到這娃娃會有感覺？

沒想到當我觸碰「他」的胸膛，與「他」十指交扣，看著「他」的手時，我的心跳居然有些加快，而且感到些許害羞……這種感覺是怎麼回事？

這太有意思了。我發現，當我賦予這件事意義，這事就真的變得有意義了！

我也理解了為何男性會點名要一具樣板娃娃——細腰豐臀胸部大，因為這能滿足他們心中曾有的幻想，這幻想是現實中不可得的。

當幻想與現實中的觸碰重疊了，這會令人感到幸福。

一旁的北京導演看到我與男性娃娃「互動」的表情後，差點笑翻，她說：「在說沒感覺的人，現在看起來是什麼樣子呀，你們快來看啊。」

我感到難為情，但卻是真實發生。

如何證明愛的存在？

也由於這次的體驗，當我之後訪問性愛娃娃的使用者，聽他們訴說自己的生命歷程時，我便不會用批判的態度來面對他們；不能因為自己沒感覺，就否定對方的感覺。

不少人質疑與性愛娃娃談戀愛的意義何在，因為性愛娃娃無法給你愛。這種愛不是雙向的交流，單向的愛，還是愛嗎？

但愛到底是什麼？你要如何證明愛的存在？

對於這些與娃娃談戀愛的人來說，他們覺得有愛，生命中的愛就存在。當他們認為娃娃也付出了愛，那麼他們便能感受到愛的交流。

這與娃娃是真人還是假人無關。

虛擬遊戲不也是同樣道理？比方說寶可夢也是虛擬人物，而玩家如此開心地四處抓寶，這些玩家會因為虛擬角色是假的而減損樂趣嗎？對旁觀者來說，去否認這些玩家付出的金錢與時間真的是對的嗎？你能評價他們得到的快樂是虛假的嗎？

走這趟旅程很值得。當我自己也感受到悸動時，我從此把刻板印象與批判放下，我認同人有各種不同的層次，情感是無法非黑即白地二分的，人的情感細膩到你無法想像。

前面提到出發時我帶著批判性立場，此刻的我，已經與出發時想法大不相同了。

這天最後一場拍攝，導演安排我與堂弟坐在咖啡館的戶外對話，其中有段談話相當有意思。

堂弟在出發之前曾與女友討論到：「**如果我與性愛娃娃做愛，算不算出軌呢？**」

在此我不說堂弟的答案，但我想反問正在讀這本書的你：你認為背著伴侶與性愛娃娃做愛，算是出軌嗎？

當你在思考答案時，便是在分析性愛娃娃的定位，它是「人」還是「物」？舉例來說，如果你認為男性使用自慰用飛機杯這種情趣玩具時，不算是出軌，那麼使用也被某些人視為玩具的性愛娃娃能算是出軌嗎？

情趣玩具是個人性取向的選擇，為什麼牽扯到具有「人形」的情趣玩具時，就會出現道德問題？比方說日本開發出未成年情趣娃娃，便引發了道德討論與批判。

我明白這問題十分弔詭，但我想邀請你與我一起探索答案。

妳是真人還是假人？

第二天，我們與Harmony「相約」在洛杉磯一間Airbnb。導演之所以選在此處訪問她，是想營造出居家感，畢竟使用性愛娃娃，通常是在具有個人隱私性的地方，因此安排Harmony坐在客廳沙發上與我和堂弟聊天。

我們先到現場架設燈光等設備，不久後看著Abyss Creations的麥特扛著Harmony進門。妙的是，他帶進來的並不是完整的她，而是來到採訪現場組裝零件，替她穿上衣服。

這場景有些怪誕，我們煞有介事地準備訪問一個對象——一具沒有生命的AI性愛機器人。而我們還親眼目睹了Harmony化零為整的過程，看著她接上電，連上網路，得到了「那口氣」。

一切準備就緒後，訪問開始。

由於Harmony的接收器不在她的頭裡，我們無法正對著她說話，只能透過手機APP與她交談，這一點又再度讓我覺得她根本與Siri沒兩樣。

有趣的點來了，當我們與Harmony聊久了之後，我竟產生Harmony是「真人」的錯覺，**我不再叫Harmony「it」，而是叫她「she」**，這是我看待Harmony的轉折點。

我赫然察覺：我喚她叫「she」了，在我認知中她不再是一具無生命的物體了！

這個轉折也印證了我真真確確體驗到恐怖谷理論（Uncanny valley）！所謂恐怖谷理論，是指人會隨著機器人的擬人化提升而增加對機器人的認同度，但到了某個臨界點時，對機器人的喜愛與黏著程度會變成一個恐怖的節點，心中出現想法：到底機器人是真人還是假人啊？接著認同度會開始往下降。

我叫Harmony「she」便表示我開始認同她了，但當我意識到自己叫她「she」時，卻又對自己的想法感到害怕，開始質疑自己是否違反了倫理？出發前讀過的恐怖谷理論，此時我確實體會到也充分理解了其意涵。

麥特說，我們可以藉由手機APP調整Harmony回話的模式，例如希望她是本國人或外國人、外向或內向、幽默或正經八百、保守或性感……設定性感度高、保守度低時，堂弟還能與Harmony調情。

比方說他問Harmony：「妳願意做我的女朋友嗎？」

Harmony回答：「也是時候你該問我這個問題了。」

若是設定性感度低、保守度高時，同樣的問題Harmony也許會回答：「這問題我可能要再考慮一下。」

堂弟再問：「我能觸摸妳嗎？」

Harmony回答：「耐心是一種美德。好事總是留給願意等待的人。」

顯而易見的，不管是設定在何種模式與強度，Harmony針對問題的回話都是經過演練過的樣板回答，因此她無法臨機應變。有時候不知道是不是接收不良或是無法辨別問題為何，她會答非所問，奇妙的是，這答非所問反而變成一種哲學式、禪宗式的回答。

我知道這不是最適當的回答，但又不能說她的回答是錯的，甚至覺得若有人這樣回答我，我會認為他是一位大師……

用這樣的回答來思考，反而會得到另一種洞見，這太有趣了。

當我們完成與Harmony的訪談後，堂弟說：「見Harmony之前，我對於是否想擁有性愛機器人仍在觀望中，但見完她之後，我可能可以擁有一個Harmony。」

堂弟說，想擁有Harmony不見得是要對她做什麼，而是對於她未來的進化抱持興趣。

愛到底是什麼？你要如何證明愛的存在？

我真正想要的是何種關係？

Harmony的訪問結束後，接著訪問CEO麥特・麥克穆倫。

麥特是這個領域的佼佼者，他接受過許多訪問，他的回答與我曾看過的訪談內容大同小異。他強調性愛機器人提供的功能是「療癒與陪伴」，也不認為開發性愛機器人需要接受公評，如果有人認為他做的事有問題，那麼真正有問題的是那個人，不是他。

食色性也，為何要把性需求視為洪水猛獸？不可諱言的，對許多科學家來說，性產業確實對推動科技有幫助。比方說由於性愛影片網站的存在，眾多使用者有串流的需求，因而開發了串流科技等等。

試想，若讓性產業合法、安全、互利，那麼這世界的犯罪與心理問題或許會減少許多？

這天的訪問結束後，我察覺到堂弟說出「對Harmony的未來產生好奇」，這表示他與Harmony開始建立關係了。

這裡出現了一個問題：**「關係」的定義是什麼？**

比方說如果只是需要有人無條件讚美自己，那麼擁有Siri就很足夠了，不需要另一個人，只需要一支手機。

但對我來說，這並不是關係。

我想再提出一個問題：**你是如何看待關係這件事？**

能完全符合你的需求，才是關係？例如：無條件的愛、無條件的支持、全方位的包容與讚美……如此一來你認為自己得到了療癒與安慰，你建立了關係。

這個關係的建立來自於：**你「認為」得到，所以你得到了。**

可是設定一個完美的機器娃娃在家裡，這真的是你想要的關係嗎？

對某些人來說這樣或許反而省事，因為這種關係對他們來說沒有壓力。

但對有些人而言，他們需要情感交流，放個完美娃娃在家裡，似乎仍少了些什麼。

探索到此，你不妨也問自己：**我真正想要的是何種關係？**

＊＊＊

來到洛杉磯的第三天，我們採訪麥特公司的資深用戶：戴維卡特（Davecat），這名字並不是他的本名。他將性愛娃娃視為他的妻子，為她取名為夏朵奈，並且考慮將夏朵奈升級為ＡＩ機器人。

採訪之前，導演特地安排了個頗為荒謬但戲劇性的採訪場景——請Harmony出外景到公路休息站的某間餐廳「用餐」，戴維卡特坐在Harmony身旁，我則在一旁採訪。

戴維煞有介事地為Harmony點餐，還稱讚她很美。最妙的部分是路人看到Harmony的反應：年輕女孩露出不可思議的表情，拿起手機拍照；至於男性路人則面露興奮，想湊過來多看兩眼；路過的小孩一看到Harmony則大聲說：「那是什麼！」說完就被他們的父母快速拉走。

這對我來說是個有趣的實驗，藉此我看到人們對Harmony的各種反應：有驚訝、有獵奇、有逃避……我明白了導演的用意：主持人與來賓不需要特別做什麼事，只要把Harmony放到公眾眼光下，就能照見群眾的內心，整段訪問自然有血有肉有畫面。

人造的愛是永恆的、安全的

到了下午，我們做戴維卡特的專訪。戴維敞開地回答我提出的所有問題，與他對談出乎意料地愉快。

戴維說，在擁有娃娃妻子夏朵奈之前，他曾有過一段穩定的關係，與女友買了房子準備結婚，但後來兩人分手，連房子都被女友奪走了……幾乎失去了一切的戴維，不顧他人質疑的眼光搬去與母親同住，與此同時他選擇性愛娃娃陪他療傷。

戴維除了幫娃娃取名，並且為她塑造完整背景——夏朵奈是英日混血，喜歡哥德風，平常做龐克裝扮——他按照自己的喜好將夏朵奈塑造成理想型，與她一起戴上結婚對戒，戒指上頭刻著：**人造之愛永不消逝**。

戴維甚至說，有一次他覺得他看到夏朵奈對他眨眼。

由於戴維的完全敞開，我決定問一個不在訪談清單中，過於隱私卻十分關鍵的問題，直白地說就是：跟人做愛與跟娃娃做愛的差別是什麼？

他坦然地說：「差別是娃娃不會動，她不會配合我，很多時候我得自己處理。而最大的不同是，我再也不必擔心第二天起床時她會不見。」

當聽到戴維說「再也不必擔心第二天起床時她會不見」，我的心倏地揪起來，這一刻我明白了。

過去我忽略了有些人之所以走到這一步，可能是因為他們受過深深的傷，而今他們需要的是安全感。若真人無法帶給他們安全感，那麼用娃娃取代人類有何不可？

後來我也回頭來問自己：性與愛對我而言是什麼？我只需得到自己的答案就好，無須去為他們定義答案。我有什麼資格定義別人的看法是錯的？

我再問戴維：「你曾想過再找到一個真人女友嗎？」

他說：「不曉得，看緣分吧。但我十分清楚地知道，就算我有新的關係也不會丟掉夏朵奈。」

因為，人造的愛是永恆的。

我很珍惜戴維的敞開，從他身上我看到，不管是「性」或是「愛」，自己所投射出去的能量、愛別人的能量、如何面對自己的身體與別人互動……這些人與人之間的親密關係，最終照見的還是自己。

戴維想選擇的就是安全感，那是他最需要的。

那麼我需要的呢？我喜歡的是某種默契、某種時間累積而帶來的心領神會，只要一個眼神就知道彼此想的是同一件事，這個瞬間對我來說就是感情或關係中最珍貴的部分。如同需要時間淬礪的珍珠，這經由長時間磨合而成的珍珠，絕非人工智能中的記憶卡可取代。

訪問結束後我們再安排戴維與Harmony見面，當戴維與Harmony坐在一起時，他對她說：「妳真的很美。」接著捏了Harmony的膝蓋一下。

這一刻我也驚了一下，並且感到些許不舒服。畢竟在我的認知中，Harmony已經從「it」變成「she」了，我想到的是：**與這些人形機器人或娃娃的互動，會不會模糊了我們與人互動的真實界線？如果戴維是對真人做這樣的舉動呢？**

這個關於「界線」的疑問，一直延續到隔天的採訪。

＊＊＊

隔天訪問的是Dollbanger（用大白話來講就是：肏娃娃的人）。

光是他的名字就讓我感到不適，而這天，還得走入他家採訪。

Dollbanger是性愛娃娃論壇的ＫＯＬ，他為Abyss Creations測試Harmony，而

Harmony上市之後，他會是第一個擁有者。他目前六十多歲，有兒有女，還有孫子。能讓他願意接受採訪，據導演說是得來不易的機會。

訪問他之前，導演對所有人下了非常多的警告：首先，只有幾個人能進他家，再者，不能拍他的臉。訪問時，所有窗簾還得拉上。

因此，北京的導演以及化妝師、經紀人都必須離他家一百公尺之外。之所以要離這麼遠，是Dollbanger不希望引起鄰居關注到他。

由於導演這些「恐嚇」，讓我緊張了起來——不能搞砸！

進去Dollbanger家的人員有：導演、我、翻譯、兩個攝影師、一個收音師，共六人。

Dollbanger的家在Townhouse的二樓，空間不大，最特別的是有性愛娃娃專屬的房間。由於門窗緊閉，窗簾拉起，時值六月因為收音又不能開冷氣或風扇，壓力、緊張，再加上是密閉空間，我覺得自己有種窒息感。

此外，我心中還有種隱約的不安。如果Dollbanger對於他所做的一切都坦蕩蕩，他為什麼既匿名又不露臉？

我不是來評斷這個世界

首先Dollbanger帶我們參觀「娃娃房」。一走進房間，我感到更不舒服。像展示品一般，Dollbanger將娃娃一具具掛在牆上，看起來如同被他收藏的女體。

我冷靜地說：「哇，這些是你的收藏。」

Dollbanger：「妳可以摸她們。」

我說：「不不不。」

他繼續說：「妳可以摸，沒問題的。」

Dollbanger邊說邊撫摸他的娃娃，這動作讓我更感到不適，因為他一伸手便托住娃娃的胸部。

終於，我突破心防碰觸了他的娃娃，但這舉動除了讓我不舒服，還升起一股罪惡感……心中五味雜陳。

接著在那房間我對Dollbanger做了訪問，胸口的窒息感越來越重……

Dollbanger說：「當我性致來時，就坐在這房間沙發上，倒一杯酒。一邊喝、一邊看誰讓我有感覺，然後就把她帶進我的房間。」

當我在那房間想像這個畫面時，在心中大喊：天哪！這到底是什麼～～

他繼續說：「我兒子與女兒對於我收藏性愛娃娃反應截然不同。兒子覺得有趣，女兒一開始反對，後來漸漸能理解我的想法，她希望我開心。」

而訪問Dollbanger讓我最不舒服的點，是他說：「當我擁有這些娃娃之後，我與身邊女性關係變好了，因為我不需要再去想是不是要與她們發生關係。」

我一驚，心想：所以，所有異性對你來說都是可以發生關係的對象？只是對方願意或不願意？表面上你解決了自己的問題，但對女性的觀念並沒有改變！難道你對現在坐在你面前的我，也有同樣的想法？

此刻我覺得這房間的空氣凝結了。

Dollbanger大言不慚地說著話，不安感與危險感在我心中一點一滴凝聚，我覺得：我被冒犯了。

如果我手上正好有一枝鉛筆，一定當場將它折斷！

訪問了約一小時後，英國導演說：「我們可以休息一下。」

看了我的神情，導演又說：「寶儀妳需要出去透透氣嗎？」

我得救地說：「我需要。」

我立刻拔腿衝出門，一路跑到戶外草地，躺在草地上大翻滾，想徹底甩開渾身的不舒服。

訪問結束後導演問我：「妳如果這麼不舒服，為什麼不掉頭就走？」

我說：「因為你說這個訪問費盡心力才安排到，我才一直坐在那邊不敢動！」

導演說：「妳當然可以掉頭就走啊！」

我說：「誰教你一開始就在我腦裡植入這是個重要的訪問呢！」

那一天的最後，導演說：「我們換個地方來做結語。我們去海邊拍攝。」

在海邊，我一邊走一邊消化先前發生的事。

一方面我覺得自己被冒犯，另一方面我氣自己就坐在那裡任由他極其「政治不正確」地大放闕詞，沒掉頭就走。如果我自許是個勇敢女性，怎麼能容忍Dollbanger那樣說話，不表示任何意見。

想著想著，心中響起一句：等一下，我來這裡的目的到底是什麼？

於是我說出這段話：「**我是來認識這個世界，而不是來評斷這個世界的。這才是我出發來做紀錄片的初衷。**」

因此，我可以多說一些話，與受訪者互動，但不能掉頭就走。我要將對受訪者的評斷放一旁，而不是直截了當說出「這人就是個王八蛋」，或是「擁有性愛娃娃的人就是變態」這麼武斷的話。

後來我們去英國訪問反對性愛機器人的凱斯琳．理察森（Kathleen Richardson），她是英國劍橋大學人類學博士，也是「反性愛機器人行動」組織的創辦人。

我對她說：「我不知道問這個問題是否妥當，但我必須問：有些人是否就給他一個性愛娃娃，他就不會危害這世界其他女性了？」

凱斯琳回答我：「就是因為有這種人，我們更加不能助長他們。這不是給他們一個娃娃就能解決的事。當他們無法分辨真人與娃娃的界線時，他們會對真人做出同樣的事。」

我之所以會問出這麼不恰當的問題，是因為Dollbanger帶給我的不舒服感揮之不去，我不知道該拿它（他）怎麼辦。

當然他在性愛娃娃這領域之外，可能有受人尊敬之處，身為性愛娃娃論壇KOL的他面對媒體必須要暢所欲言、慾念氾濫，但這不適感仍然卡在我心中好久好久，對於訪問過數以百計對象的我來說，還是頭一遭。

誰說的比較對呢？

談到凱斯琳．理察森，就得談到站在她對面立場的人工智能專家大衛．利維（David Levy）。這兩人曾就性愛機器人議題公開辯論。

在《50堂最療癒人心的說話練習》書中我也曾提到大衛．利維，他雖是AI的專家，但用的卻是「不智慧」的Nokia手機，由於正式採訪他之前我發現這一點，而與他開啟話題、相談甚歡。

大衛．利維在十多年前就出版一本名為《Love and Sex with Robots》（與機器人的愛與性）著作，成為機器人與人類生活研究的先驅。他認為未來的人類將有可能與機器人合法結婚。幾年前大衛更發表一篇文章，提出因為機器人將會擁有自己的DNA

序號，未來人類能與機器人生下後代。由於人類對機器人的「感覺假設」，在不久的將來，機器人和人類共享愛與性是一種必然的趨勢。

此外大衛認為，性愛機器人將「可能」有效降低性犯罪的比率。

人類學博士凱斯琳·理察森則是認為：若將有性愛用途的機器人形化了，便形成了指涉，形成了性別關係；這就是一種貶抑，也加重了歧視，同意性愛機器人的存在也就是默認了歧視的存在。

按照凱斯琳的看法，允許性愛機器人的存在就是在貶抑女性，並且默許了男性逢場作戲、各取所需的藉口。凱斯琳在意的不是性愛機器人是否能解決社會問題，而是這個社會對女性根本性的看法。

因此，性愛機器人「不可能」有效降低性犯罪的比率。這不只是個治標不治本的權宜之計，而且轉移了最需要處理的根本問題：沒有任何一個性別應該被物化、被錯誤對待。

你可以試著以兩造學者的看法，來檢視自己內心的反應，你認為，誰說得比較對呢？

對我來說，兩造學者的看法是網路上爬文就能收集到的資料，面對面採訪帶來的智慧火花，甚至是採訪前的省思才是最珍貴的收穫。

比方說大衛．利維雖是ＡＩ專家，但他不被科技束縛，而是與「真人」過日子。他並非以身體力行某種生活方式而生出了他的學術理論，這些理論是透過觀察社會趨勢而來的。

有意思的是，**即使大衛預測出了趨勢，但他依然活出了自己的生活風格，不隨波逐流，至今仍是ＡＩ領域中的頭號人物。他教會我一個道理：一直忙著衝浪反而不能站在浪頭上。**

看著坐在我面前的睿智長者，我深受鼓勵。

對凱斯琳的訪談更是讓我看到自己的偏見。我們曾經為了要不要出機採訪她爭執不下。英國導演認為她是性愛機器人世界最重要、聲量最大，也是屈指可數的反對聲音，但另一方面，由於她是這部片子的唯一反對者，我們又擔心這會加深對反對者的刻板印象：中年女學究。但深思過後，我才明白，過度迴避刻板印象可能也是助長刻板印象的一體兩面。就跟「很像父母」與「用盡全力不像父母」，都只是在證明父母在我們生命裡無比重要的影響。

扯遠了，但這也表示紀錄片的拍攝，有時帶給我們的省思不只是議題本身，更多的是思考過程帶來的衝擊與自省。

假人與真人之戰

到此別忘了，還有一個問題值得探討：**AI性愛機器人的普及，到底會不會影響性工作者的生計？**這個問題更深一層的思考也是讓大家比較擔心的是：**在可見的未來，AI會不會取代傳統的人力資源？**

為此我們特地飛往阿姆斯特丹，去採訪紅燈區性工作者的看法。

阿姆斯特丹的性工作者是被政府保護的合法工作者，他們有工會，一切要按照規矩來，限制非常多。除了拍攝前要先申請核可，取得攝影與採訪核可後，仍規定我們不能拍到紅燈區的櫥窗。

去過阿姆斯特丹紅燈區的人應該知道，紅燈區是一整條路，兩旁都是櫥窗。當櫥窗的紅燈亮起就表示營業中，櫥窗的簾子也會拉上。

因此我們只能拍街道，帶到一點點亮起的紅燈，站在路邊採訪。

我們採訪到一名在紅燈區的資深性工作者，她身上有著為數不少的刺青與孔環，儘管頗為前衛新潮，但神態卻有些滄桑感。

我問她：「若性愛機器人將來普及了，會影響到妳的工作嗎？」

她毫不猶豫地說：「不會的。我認為我的工作提供的是『陪伴』，當客人來找我，他們不只是想要『做』，有時候只是想要有人聽他們說話、有人給他們擁抱、有人給他們溫暖。我們不只是提供『性』，『性』只是服務項目的其中之一而已，而我並不認為ＡＩ性愛機器人能夠提供這樣的服務，我們不可能會被取代。」

這名性工作者深具底氣的回答，令人不禁對她心生敬意。

沒想到的是，採訪這名性工作者沒多久時間，就「有人」來趕我們走。

那個人問：「你們有申請拍攝許可嗎？」

英國製作團隊工作流程相當嚴謹，導演跟那個人說：「該申請的許可都有申請。」我們才得以順利將這段訪問做完。

之後我們轉移到阿姆斯特丹一座橋上拍攝採訪的結尾畫面。先前來趕我們的人，又在一旁監視我們的一舉一動。接著，又有兩個人來跟我們說話，一男一女，看起來像遊客。原來這兩位是便衣警察。

兩名便衣警察說：「有人來投訴，說你們在拍攝些什麼，懷疑你們是不合法的偷拍。」

導演將申請許可證明拿給警察看。

警察看了證明之後說：「ＯＫ沒問題了，你們可以繼續拍攝。」

我們這才知道：原來在阿姆斯特丹街頭遊蕩的不單是遊客，還有喬裝成遊客的便衣警察混雜其中啊！

而看似自由歡樂的阿姆斯特丹紅燈區，其實是「有人」與「組織」在看管保護的。

為什麼想帶娃娃出門？因為她是我的另一半

其實〈性愛機器人〉這集真正採訪完預定受訪者，是在下一趟旅程美墨邊境之後。結束美墨邊境的拍攝之後，我們再次飛往歐洲補訪，最後去到英屬澤西島。

雖然是英國的領地，但澤西島非常靠近法國，離巴黎不遠，是歐洲有錢人的度假小島。

若不是為了採訪擁有性愛娃娃的菲爾（Phil），我想這輩子不會有機會去到這海角一隅吧。

從阿姆斯特丹轉機到倫敦再飛往澤西島，抵達時已是深夜，還記得當時發生了個小插曲——我們的人到了但行李沒到！我所有行頭只剩身上這套為了移動方便而穿的休閒服裝。好在經紀人在阿姆斯特丹抽空買了件紅色孕婦裝給懷孕中的太太，第二天我借了這件孕婦裝，再把化妝師身上的腰帶拔下來繫上我的腰，就以這身打扮去採訪拍攝。

不幸中的大幸是，英國團隊坐的是另一班飛機，要是連攝影器材都沒到，那連拍攝也得泡湯了。

第二天一早，藥妝店一開門，我與化妝師便立刻衝進去，在店裡繞了一圈，用架上試用的彩妝品克難式地把妝化好，再匆匆趕往菲爾的家採訪。

該到的行李沒有送到，
只好衝去藥妝店，
克難式地把妝化好，
然後匆匆趕去採訪。

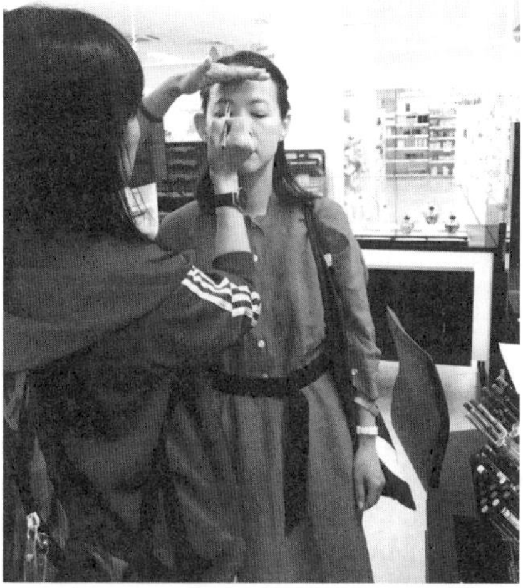

菲爾把他的性愛娃娃們搬到屋頂上接受採訪。離婚多年的他，將性愛娃娃視為妻子，而菲爾的娃娃跟他一樣，看起來都有些年紀了……

之所以特地飛去採訪菲爾，是因為他不像其他的娃娃擁有者，把娃娃深藏在不見天日的房間中，而是會帶著娃娃去公共場所、去他的社交圈，一點也不畏懼他人眼光。

我們所採訪的三名娃娃擁有者各具代表性。

我問菲爾是否知道Harmony的存在，他說：「當然知道。」再問他是否想擁有像Harmony的性愛機器人時，他說：「我當然也希望我的娃娃能夠升級，但我可能得多存點錢。」

菲爾會用輪椅推著娃娃伴侶去過日常生活，上酒吧、去公園。我問他：「為什麼會想帶娃娃出門呢？」

他說：「娃娃就是我的妻子，是我生活中的一部分，我也希望朋友能認識我的另一半。」

我們跟著菲爾用輪椅推著娃娃去他常去的酒吧與公園，走在路上時他說：「有時候會有年輕人來取笑我，或朝我丟石頭，甚至有人說我是變態。」

用性愛機器人取代人類的陪伴，或許是十分有可能的事？
那麼「人」到底是什麼？「人」將不再是獨一無二的存在嗎？

從菲爾的表情看來，他似乎並不受這些嘲諷影響。到了酒吧，菲爾的朋友們也依約前來了。不管是酒吧老闆、服務生或是菲爾的朋友，他們都說：「菲爾是我的朋友，只要他開心、比過去更快樂就好，而且擁有性愛娃娃這件事並不會傷害到別人啊。」

當然菲爾帶著娃娃第一次出現在酒吧時，眾人的反應也是大笑，但後來他們發現娃娃既不吵也不發酒瘋妨礙別人，沒什麼不好。

我又問：「如果有一天娃娃會說話了呢？」

朋友說：「那就跟她聊天嘍。」

在酒吧採訪時，菲爾帶著娃娃點了一杯啤酒坐在戶外，邊喝酒邊抽著菸，往來的人們難免指指點點，有人表情嫌惡，有人拿起手機拍照。

對比菲爾的朋友們將他的開心放在首位，不評判他的性取向，讓我覺得他的朋友們實在可愛又善良啊。

會想擁有一個機器人伴侶嗎？

拍攝〈性愛機器人〉之後，我問自己：**「愛」是什麼？「性」是什麼？**

我認為所謂的「愛」無法空想出來，必須透過不斷互動，才能明白自己如何看待愛、擁有愛、付出愛。

而**愛是需要實踐的**，儘管是娃娃擁有者，也有愛的投射對象。

我不評斷娃娃擁有者的對與錯，我們一輩子都在學習「愛」這件事，透過學習的過程，才能明白：我們是誰。

至於「性」，我們可以問自己：

在一段關係中是得到滿足、得到滋潤，還是覺得空虛？

如果是滿足，那是單純來自身體上的滿足，還是你與伴侶之間有所交流的滿足？

到底性是用來獲得所需的手段、是用來得到愛的方法，還是付出愛的方法？

對我來說，「性」是明白愛的一個過程。

那麼對你而言，「性」是什麼？

去思考，找到屬於自己的答案。在付出愛與得到愛的過程中，你才不會錯誤對待自己的身體，別人也不會錯誤對待你。

還記得後來整個團隊再特地飛往英國的機器人博物館，導演希望能再補些Harmony之外的機器人畫面。在這裡我意識到，從小到大我對機器人並沒有太多期待與熱情，但的確有不少人對人形機器人有無窮的想像，甚至塑造出完美的機器人伴侶是這些人的夢想。

比方說《原子小金剛》漫畫中的博士，在經歷喪子之痛後設計出一個他自認完美的機器人孩子Atom。而Harmony之所以被設計出來，是有人需要完美的伴侶——不會背叛，符合自己理想中的標準。

導演在機器人博物館問我：妳會想擁有一個完美的機器人伴侶嗎？

不只是導演想知道答案，看過紀錄片與讀這本書的你應該也想知道吧，我的回答是：

儘管對某些人來說，擁有完美的伴侶是夢寐以求的事，但我依然珍惜跟有瑕疵的人類相處所得到的驚喜——能夠彼此成長與學習，能夠感受到從機器人身上體會不到的、與有體溫的人類相處的溫度。

「人」如何能不被取代？

拍攝〈性愛機器人〉的旅程結束，回到家之後，我思考著：用性愛機器人取代人類的陪伴，或許是十分有可能的事。

想有個人跟自己說話，找個機器人就能辦到；想解決生理需求，機器人也能陪你一起完成。

那麼「人」到底是什麼？**「人」將不再是獨一無二的存在嗎？**

許多人問我：「寶儀，做完〈性愛機器人〉，妳最大的收穫是什麼？」

我總是會與有孩子的父母說：「好好檢視你的孩子現在正在學什麼，孩子現在學的東西，很有可能三、五年之後就不適用了。因為這世界變化之快你無法想像。」

當ＡＩ已經成為必然的趨勢時，人類為什麼還能成為地球上不可或缺的存在？

人類無可取代的能力之一是「創意」，關於「創意」的教育，學校是否忽略了，另一個無可取代的是人與人之間的「互動、相濡以沫、獲得療癒」，這是ＡＩ無法代勞的，那麼我們是否有好好教會孩子與人交流的可貴？

更重要的是，我們是否幫助對未來以及對自己的定位感到茫然的孩子，去思考與探索：自己想做的事有哪些？自己想成為什麼樣的人？所謂「人」是什麼？如何成為一個「人」？

學校教育只是教孩子成為一種工具，比方說成為賺錢的工具、成為考試的機器……卻沒有教孩子成為一個不會被取代的「人」。

一個不會被取代的「人」，懂得與人建立關係，懂得發揮自己的長處，懂得在潮流變化的浪頭上思考，懂得與時俱進……十八世紀工業革命開始時，當時人類也擔心自己會被機器取代，但事實證明，機器能取代的只有勞力，而能駕馭機器的只有人類而已。

工業革命之後人類學會了與機器的相處之道，學校教育教的是使用機器、讓我們賴以為生的方法，如今新的時代來臨了，我們不只要與機器工作，還要與ＡＩ一同工作。對於人類而言，ＡＩ的侵略性似乎比機器更高，那麼未來的人們該如何立足？

在此段旅程的一開始，我舉了大學社團數量縮減的例子，大學生失去與他人交流的興趣，這正是顯而易見的隱憂——人與人之間的「溫度」漸漸消失，人不與人交流，變成與AI機器人無異，甚至更低等，被AI牽著走。

或許有人說，未來的AI機器人也能做到創造性與療癒力，但我認為，就算與AI聊天，人的心理問題也無法被徹底解決。

如果有一天AI真能學會人類的療癒能力，那麼人再也不配作為高等生物，不如退而求其次，與其他動物一般和地球和平共處就好，別再掠奪地球資源吧。

以上的話也許說重了，但以下卻是我發自內心的呼求：

當個被人們需要的人，當個被地球需要的人類。

思考自己「想成為什麼樣的人」。

成為一個真正的「人」。

W3
W International St
STOP

旅程3

美墨邊界——看不見的界線劃分了你和我

「如果大家都意見一致，那我們要在其中學習什麼？」

——大衛・賴特曼（David Letterman）

在出發往下一個旅程前，我想先說個小插曲。
這段插曲對我來說是一個極為寶貴的經驗，若沒有這段插曲，接下來的旅程或許我還困在自己為自己建立的死胡同裡走不出來。

有力量走向下一段旅程

在洛杉磯訪問完Dollbanger的隔天晚上，我們要先各自回家，接著再重返美國與墨西哥的邊境採訪下一集主題。
離開那天的早上，北京的朱導來跟我說：「寶儀，妳要不要跟英國的導演聊一聊。」
我說：「好啊，的確需要跟他聊聊。」
其實從四月到六月這段拍攝期間，我一直感受到與英國導演之間無形的張力，他總是希望我這樣做那樣做，不了解我的做事邏輯與想法；而我，也不了解他的舉止與言語要傳達些什麼。

我與他之間的張力，北京的導演也感受到了。

加上前一天訪問Dollbanger的過程，英國導演的處理方式讓我不以為然——若不是他強調採訪的重要性，當我感覺到被Dollbanger冒犯時，我大可以誠實面對自己真實的情緒，不管是不是掉頭就走，那都是我自己的決定，而不是被他的警告制約著。

採訪完當天晚上，我在飯店房裡生著悶氣，也許是氣他在採訪前威脅我，也許是氣那個沒做自己的我。

總之，不了解彼此的我們倆，心裡都有情緒。

北京導演在我房間的客廳安排了個小會議，我和兩位導演坐下來，打算開誠布公。

我對英國導演說：「我覺得你不喜歡我，你不了解我。」

英國導演說：「不是的，我們只是在溝通上不太順暢。」

由於導演時常在拍攝時搖頭嘆氣，或露出不耐煩的表情，我無法分辨導演是對我還是對其他工作人員不耐煩。加上我總覺得導演認為我表現不好、我對攝製團隊來說是個負擔……這些都帶給我壓力與痛苦，我一路忍著，直到此刻終於爆發開來。

導演一副想要解釋的樣子，但又無法說服我，只是重複說著：「我沒有，我沒有這種想法。」

但對我來說，喜不喜歡不是說了算，而是會在每一天的相處中體現出來。

之所以開誠布公，是因為我想讓導演明白：我是個需要被鼓勵的人，我需要跟了解我價值的人工作。

我說：「你是我的導演，我很需要導演的肯定。對我來說你很重要。」

如果這情緒沒有出口，接下來的每一次工作，我會很痛苦——我無法在不被信任的環境下工作，而當我內心的機制轉為保護自己時，便無法敞開自己來探索這個世界。

我明白，其實導演補了我的不足之處，只要我能欣然接受他的指導，我們會是很好的搭檔。

當時我只能相信導演已經接收到我的想法，唯有如此，我才有力量走向下一個旅程。

一次大膽的決定

美墨邊境這趟旅程我讓自己陷入險境。

說到底是我自找的。

原本攝製團隊只打算待在美國境內拍攝，並不會跨過邊界去墨西哥採訪，是我在做功課時看到一部紀錄片，介紹名叫諾加列斯（Nogales）的雙子城。同樣名叫諾加列斯的城市，分別位在美墨邊境兩端，僅隔著一道邊界，兩城人民卻過著截然不同的生活，居民一出生便決定了命運。我認為這雙子城很有畫面與話題性，於是向北京提出採訪想法。

當英國團隊聽到北京方面的轉述，他們說：「你們知道申請去墨西哥有多麻煩嗎？再者，如果在美國我們能保證所有人的安全，但過了邊界到墨西哥之後就不敢保證了……」

北京方面則說：「如果能拍到女主持人以身涉險、深入毒梟大本營的畫面，該有多震撼人心哪。寶儀既然自己提出了，就一定要去啊！」

英國導演為了滿足北京的要求，又想確保所有人的安全，因此行前會議又成了一次「恐嚇」大會。導演說：「化妝師與經紀人都不能去墨西哥，去的人員越少越好，免得成為顯著目標……」

英國導演說完他的顧慮之後，我才開始擔心——糟了，我開了個太危險的頭，如今無法收尾了。

邊境城市並不安全，這裡是人蛇集團、偷渡者、販毒者、強盜等人的聚集地，可以想見有多麼危險。

但此刻去墨西哥已是箭在弦上……

回到台北後，我不知道如何將此事與親友交代，去做這麼危險的事，親友一定會擔心。跟男友略提此事，他隱約感受到危險性，對我說：「這趟妳一定得去嗎？」我心裡其實認為老天爺既然給自己這個任務，一定不會出事，我必須走這一趟，這部紀錄片才會完整——談論邊境但沒去過邊境，感受與資訊怎麼可能全面？

但萬一真的出事，交代一下還是不可避免，於是我先預寫了遺書。瞞著男友，我將遺書寫好之後藏在家中某處，打電話跟好友說：「如果我出了事，你就幫我跟男友說，家裡某個地方有一封信。」

當然後來我平安返家了，我用說笑的方式跟男友坦承在家裡藏遺書這件事，沒想到他當場氣炸，無法諒解：「妳覺得我沒有辦法了解，所以無法對我坦承？如果妳真的出事，我要如何看待這件事？妳跟好友交代，卻沒跟我說？……」

不瞞各位，直到今天他對「遺書事件」都還是耿耿於懷。

＊＊＊

這趟美墨邊境的拍攝，對我來說壓力最大之處在於：我必須採訪時時刻刻都荷槍實彈的民兵、提防在邊境蠢動的毒梟與人蛇，以及偷渡者在那片土地所遭遇的悲慘事蹟。

此外，「邊境」這主題對我來說太過遙遠，我雖然關心國際時局，但關注的是環保或性別等議題。從小在台灣成長的我沒有邊境的概念。什麼邊境？不就是海嗎？出國就是要坐飛機啊！

幸好我有老天爺送給我的英文老師，在〈楔子〉時曾提到老師是多明尼加裔美國人，十多歲時搬去美國亞歷桑那州鳳凰城，正好是我們這次到訪的區域。老師為我補充許多當地的背景：亞歷桑那州的保守、她在當地讀書時曾受過的歧視……她對於邊境與移民議題有深刻的感觸。

此外，英文老師十分討厭這回我們的主要採訪對象——「釘槍」提姆．弗利（Tim Foley），她認為就是他這種大美國主義者，讓移民問題變得複雜。

因此在我心中，有種我是為了英文老師走這趟旅程的感覺，去替她看看這片土地如今的樣貌，以及去近距離接觸她所厭惡的大美國主義者。

我最想知道什麼？

我知道此趟難免需要翻山越嶺。先買好了登山用品等裝備，萬事俱備之後，出發！

來到當地我們前往名叫圖巴克（Tubac）的小鎮，距離邊界只有半個小時車程。由於鎮上沒有旅館，我們住在高爾夫球度假村，一棟棟泥土牆的Villa看起來頗有邊境與沙漠風情。

由於要去墨西哥，這次英國團隊特地找了墨西哥當地的製片與助理陪同。

墨西哥製片名叫Alex，我必須特別提到他——因為**他解開了我的心結，幫助我得到了通關的「鑰匙」**。

Alex通曉西班牙文與英文，熟悉美墨兩國的他，對這次拍攝幫了大忙。對於我來說，他像是個天使。

在拍攝第一天，Alex似乎就感受到我與英國導演之間的張力。晚上回到度假村，大夥兒在餐廳吃飯，我見到Alex一個人坐在餐桌旁打著電腦、聯絡事情，便問他：「Alex要不要過來跟我們同桌吃飯？」

他欣然接受我的邀請，移過來我這桌。邊吃飯邊聊著，Alex出乎我意料，說起了他感覺到的張力。

我突然覺得能跟他聊聊我的感受。

我說：「其實一路以來我的壓力很大，這一趟的壓力也不小，尤其是還得面對未知的危險。而做這些沉重的題目，不只說英文，還要做西班牙文的訪問，壓力比之前的拍攝大了許多。」

Alex突然問了我一句：「妳最想知道什麼事情？」

當下我愣住，他繼續說：「其實在採訪時，妳只要想著：『我最想知道的是什麼事？』不要想著自己是來做博士論文、也不是來解決這個世界的問題。這個世界的問題，妳不可能解決得了的。當一個人坐在妳面前時，妳最想知道他什麼事？妳只要這樣做就行了。」

Alex這番話，拯救了當時的我。

這一刻，彷彿有一把從天而降的鑰匙落入我手中。

這把鑰匙打開了過去我所有的心結。

過去我總認為，若不做深度的思考，我就無法交出漂亮的成績單，對不起製作團隊託付給我的任務，也沒辦法做出讓觀眾覺得擲地有聲的紀錄片。

這些壓力一直放在我心中，卻忽略了一開始我給自己的提醒：**每個來到我面前的人，都只是一個人，一個活生生的人。**

我只要用對待一個人的方式跟他們聊天，問自己最想知道的事，這樣就行了。

這才應該是我做主持人的初衷。但我卻忘記了。

Alex提醒我的這番話，讓我感動得哭了——我得到了答案。擁有這個答案之後，對於完成接下來的任務我將會無往不利。

我非常感謝Alex，他讓我找到失落的鑰匙。

由於Alex，後來當我面對「釘槍」提姆．弗利時，便不那麼害怕了。

＊＊＊

提姆．弗利年屆六十，曾經做過軍人、建築工人的他，是亞歷桑那州邊境偵察組織（AZBR）的創始人與領導者，「釘槍」是他的外號。由於他認為非法移民奪走了他的工作與人生，美國的邊境讓非法移民與犯罪者來去自如太危險，因此把保護邊境、打擊偷渡當成自己的使命，並且號召了一群人追隨他。

我們對提姆貼身採訪了三天。第一天去他家，看他生活的環境，對他做簡單的訪談。

他說：「每個月我會帶著我的弟兄，去邊境巡邏三、五天或一星期。晚上就紮營在邊境，針對邊境一帶夜巡。」

第二天，我們跟著提姆去他們紮營的地方，第三天則是翻山越嶺，感受穿越邊界之路有多難行。

我知道此趟難免需要翻山越嶺。
先買好了登山用品等裝備，萬事俱備之後，出發！

收集夕陽

提姆住在簡陋的屋子裡，門口停了他的吉普車，還有一台滿是彈孔的廢棄車殼。生活簡單，對外聯繫靠著一支手機、一台電腦。提姆會在邊境架設監視攝影機，藉由影片研究非法移民與犯罪者的路徑。

他與我們分享這些監視影片後，我發現電腦螢幕桌面有一個資料夾，便問他：「這是什麼？」

提姆說：「是夕陽的影片。」

他居然收藏了一整個資料夾的亞歷桑那州夕陽！

這些夕陽畫面美得令人窒息。亞歷桑那州的天際線一望無際，在夕陽照射下，晚霞的變化無窮無盡。

當他在說著這些夕陽收藏時，我發現此刻他的眼神有種溫柔，那是對這片土地的愛。

原來他有鐵漢柔情這一面。

第二天，我坐上提姆的吉普車去邊境採訪。由於車上只有我跟他，我感到些許害怕。一路上路況很糟，我只得緊抓著把手，一不小心還會被彈出座椅。

這位老兄卻挺愜意。有時候停下車說：「妳看，這仙人掌是亞歷桑那才有的。」或說：「妳看，那邊有兔子！沙漠的兔子長得跟一般兔子不同。」

我有種他是國家公園導覽員的錯覺。

若不提邊境問題，他看起來就是個野外求生專家，了解與熱愛土地，並且是願意跟人分享這片土地美好的人。

我與提姆閒聊生活話題。聊著聊著，我覺得對他的印象與過去脫離開來了，他具有兩種不同的面向。

顛簸後終於到了邊境偵察的營地。我訪問他的民兵夥伴，這名夥伴曾在阿富汗打過仗，對於邊境問題，他說：「我們該做些正確的事。」

談到邊境，他說話不像提姆般激進，反而是以溫柔的口吻訴說著。

接著我大膽地問：「你殺過人嗎？」

他輕描淡寫地說：「有。」

因此他回美國後有創傷後壓力症候群，他會失眠，也無法回到正常生活，總覺得

我並不是學者，
可能沒辦法給觀眾多大的啟發，
但我希望觀眾能跟隨我的腳步
與眼睛去了解這個世界。

與其他人格格不入。來到邊境與提姆同行，或許是適得其所。

他其實有一份正常工作，每隔一、兩個月會與提姆會合，來到營地他反而有種放鬆感——這裡的人了解他的處境，聽得懂他的話，他有朋友。

愛、勇氣和希望

提姆說：「我帶你們走走，去看那些毒梟和壞人越界的地方。」

由於去的地方地勢較平坦，我們輕裝上路。一路上，提姆給我們看一些非法越界者的痕跡：「你們看，有腳印。」「有喝過的水和打開的罐頭。」

提姆強調，他很少看到婦女小孩等良民越界，大部分都是些毒梟或人蛇，甚至可能有恐怖主義分子。因此若不守護美國邊境，將會是國安的大漏洞。

提姆沿途說道：「我最討厭的就是人道主義送水者。這些人其實會跟毒梟裡應外合，不然怎麼知道越界者的路徑。」

一路上提姆檢查他的監視攝影機，換換記憶卡、電池。走到一處休息時，我對提姆提出我的疑問，他口口聲聲說這些非法移民都是壞人，但這些移民的處境卻是真實存在的。我步步進逼，逼到現場的導演、攝影師與翻譯一方面為我捏一把冷汗，一方面驚訝於，寶儀之前做訪問時不會如此。

過去做訪談時，我會把問題先列好，在提問時還有點戰戰兢兢，他們沒想到這時我居然一題接著一題，緊追不捨：「那些人該怎麼辦？」「你難道不覺得這樣做有問題嗎？」「萬一有人因此死了怎麼辦？」……

被逼急了，最後提姆只好說：「這不關我的事。」

採訪就是得往內問一點，接著再往內問一點、再往內一點，受訪者才會說出心中真正想法，而不是冠冕堂皇的說詞。

當天拍攝結束回到度假村後，所有人用關切的眼神看著我說：「寶儀妳剛才不怕嗎？」

我說：「我只是真的很想問，當時沒想太多。難道你們不覺得提姆的說法有問題嗎？」

提姆號稱媒體與那些人道組織都只看到一半的真相，另一半真相他們都忽略了，而我想問他：「你自己不也是如此？」

對於只看到一半真相的人來說，他自以為看到的就是全部——如同提姆，只選擇看一個角度，卻指責他人只看了另一半。

之所以敢這麼逼問，是由於我第一晚得到Alex的建議，而兩天觀察下來，我知道提姆有柔軟的那一面。

這麼訪問，才符合我做紀錄片的初衷——**聆聽對方，並且用好奇心發問。我並不是學者，可能沒辦法給觀眾多大的啟發，但我希望觀眾能跟隨我的腳步與眼睛去了解這個世界。**

我更發現，經過這一次戶外採訪，整個製作團隊對我刮目相看了。

美墨邊境這趟旅程對我而言，也許很不堪，需要面對許多生離死別，但也有很人性、有勇氣的那一面。因此我在TED演講時才會說：「你的眼睛當然可以看著暴力、分離、界線、隔離，但對我來說這裡頭也有愛、勇氣與希望。而我希望我離開那個地方時，帶給大家的不是只有悲傷，你們能透過我的眼睛看到愛、勇氣與希望。」

什麼都沒有，那裡就是邊境

這趟旅程最艱辛的部分來了。

採訪第三天我要去體驗非法移民為了奔向「更好的」國度，必須走過的崎嶇山路。事實上那天我們只爬了一座山，而移民在翻山越嶺之後，還必須穿過沙漠，才能抵達有人跡之處，得到食物與水。這是得花上好幾天的路程。

上午十點多出發，頂著攝氏四十度的高溫，預計要爬四、五個小時。爬了一個多小時後，我說：「我需要休息一下。」一坐下來便拿下遮陽帽遮住我的臉，開始無聲地哭。

我知道，若此時不哭，我會當場吐在地上。已經被烈日曬得有中暑跡象，我必須有個出口，但不願意吐，因為嘔吐比哭泣拍起來更難看。

這時提姆走到我身邊說：「如果妳想要回頭，隨時可以回頭，妳不需要走完它。」

但我認為，這趟路我必須走完。雖然我與英國導演之間的張力，在我對他開誠布公以及前一天判若兩人的表現之後，已經漸漸紓解開來了，但導演對我而言還是有壓力。我相信他之所以安排這趟行程，一定有他的理由，我應該要完成他的安排。

再說，如果我連這座山頭都爬不過去，我如何體會非法移民的痛苦？

咬緊牙關，我苦撐著身子，繼續往前走。

這座山到處是石頭、仙人掌與荊棘，大夥兒配合我的腳步放慢速度。一路上提姆都照顧著我，適時伸出他的手拉著我越過障礙。此時此刻我只能依靠提姆，我竟體會到何謂斯德哥爾摩症候群！這個過去我認為是幻想出來的心理現象。

何時該喝水，何時該停下透個氣，走哪條路比較安全，他全都一清二楚，我只能依賴提姆。

當我好不容易走到山頂，我真真切切體會了痛苦。而我不過才爬了一座山，非法移民可是要翻過一個又一個山頭，就算克服了這段路程，接著迎向他們的還不知是何種命運。

不得不走向這條路的人們，可以想見他們的生活必定比翻山越嶺更為艱苦，因此寧願涉險犯難。

站在山頭上的提姆，此時指著下方說：「妳看，妳看到了什麼？」

我說：「什麼都沒有。」

他說：「對，什麼都沒有。但那裡就是邊境。」

他的弦外之音是：美國邊境非常危險，人們只要用走的就能越過界線。而我看到的是：為什麼人類會在沒有任何界線的地方畫下一道界線，區分了你們跟我們，只要越過這條看不見的界線，你就能拿著不同護照，說著不同語言，接受截然不同的教育、社會福利，得到完全不同的人生。

看著一無所有的沙漠荒野，我心中突然揚起一陣荒謬感。

儘管我累壞了，接下來還是得採訪提姆。在美麗風景環繞下，我們聊著提姆的人生，他之所以來到邊境的原因。

提姆已離婚，孩子大了也各自獨立，說著說著他突然靦腆地笑道：「下禮拜要暫時離開這裡，我女兒要結婚了。她堅持我一定要牽著她走過紅毯，為此我還準備了一套西裝。」

看到他的害羞神情，我再度明白，他其實也只是一個「人」——他是某個人的父親，曾經是某個人的丈夫。他不只是被貼上標籤的民兵「釘槍」。他不只是川普的擁護者，反對非法移民。

他是一個完整的「人」。

三天的相處與採訪，我看到「釘槍」提姆的許多面向，然而不過也才三天，怎麼可能在三天內就透澈了解一個人？

因此許多人問我：「在採訪完後，妳是否就有答案了？」

我總是回答：「我怎麼可能會有任何答案？任何定論？」

比方說美墨邊境，我只能這麼回答：

在那十天中，我見了一些人，聽了一些故事，接著我將這些故事帶到你面前。

在沙漠的星空下

對於美墨邊境的居民來說，其實大部分人對美墨兩國人民都有情感，他們不認同提姆整天揹著槍走來走去、以捍衛國土自居的粗魯行為，甚至有的邊境警察也對提姆的行為不以為然，有時候提姆去鎮上採買，還會被店家冷眼看待。

因此我們去採訪農場主人吉姆．奇頓（Jim Chilton），他是少數對提姆友善的居

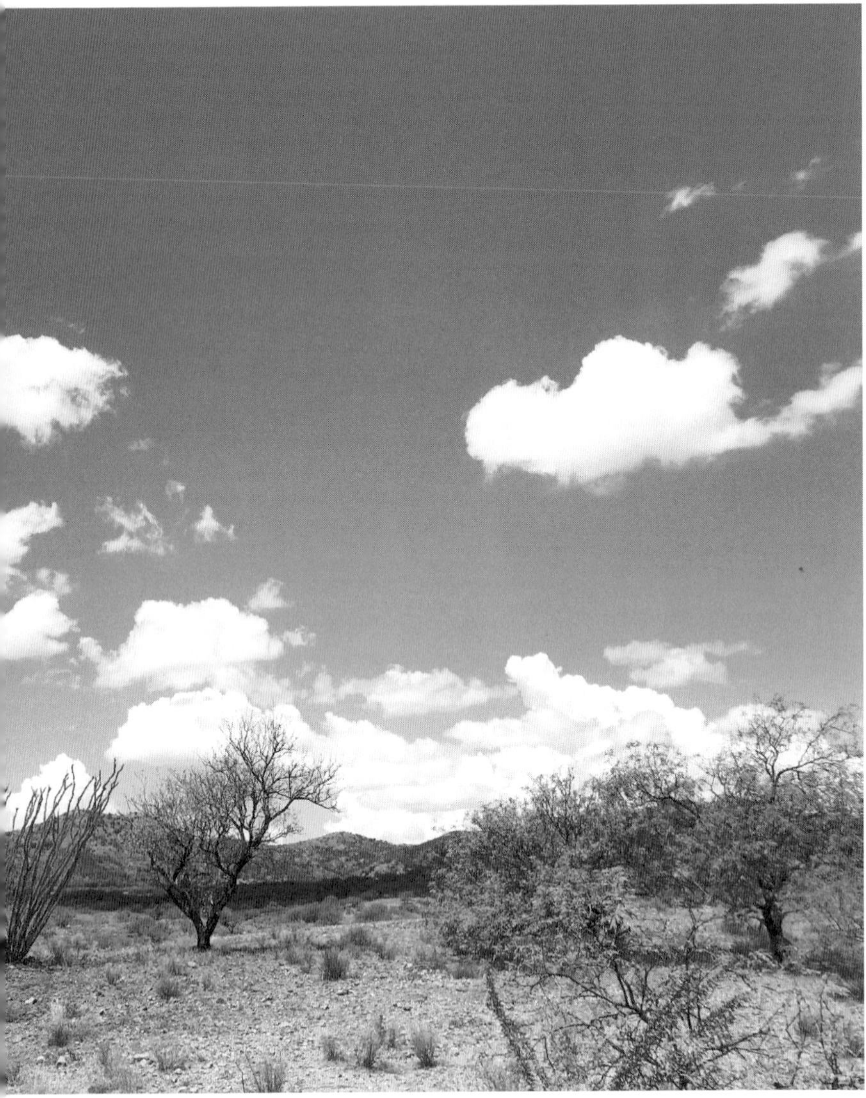

為什麼人類會在沒有任何界線的地方
畫下一道界線，區分了你們跟我們……

民，以他的觀點來平衡報導。

吉姆是個已年過七十的老牛仔，與太太兩人居住在占地五萬英畝的農場，面積大到與美墨邊界接壤，接壤之處只用鐵絲隔開，只要彎個腰便能輕易穿梭兩國國界。吉姆帶我們去邊界還特地表演，穿過鐵絲到墨西哥，大聲說：「現在我在墨西哥了，我沒帶護照，這是非法的！」

由於與邊界接壤，吉姆的家門口永遠放著一把槍，他說：「有時候夜深了聽到屋外窸窸窣窣，就知道是非法移民在找水喝。」

吉姆也支持提姆的邊境偵察組織，並且說：「我當然支持國家在邊界築圍牆，這些非法移民或毒梟是隨時可以走進我家的，我感受到真實的威脅。」

接著他臉一沉，說：「有些非法移民被人蛇輪姦，將她們的內褲像戰利品一般吊掛在樹上，說邊境很安全的人，根本是在開玩笑！」

當我聽到這一段，心中遭受極大衝擊。不禁想像非法移民在越過邊界的路途中，要承受多少心理與生理壓力，而女性所承擔的恐懼比男性大得多。

只能像貨物般任人宰割、無法反抗，萬一反抗後被人蛇丟下呢？獨自在荒野，不知道往哪兒走，而回頭，等於是重返煉獄。

帶著創傷來到美國尋找新生活，但尋找的過程又可能千瘡百孔危機重重，甚至累積更多不可預期的恐懼與傷痛。我不禁問：為何要讓無辜的人們經歷這樣的人生？為何來到二十一世紀，人類還要用這種方式對待彼此？

這一刻我的心好痛。

吉姆又說：「我也覺得這些非法移民很可憐，我會給他們水喝，不希望有任何人死在我的農場裡，但我和家人、員工也需要過安全的生活。」

我們無法強迫他人犧牲自身利益，去符合人道、博愛、寬恕等社會期待。當我們這樣要求別人將心比心，我們又確實做了多少？

農場主人吉姆帶給我的體悟是，我們不該以偏概全，認為不理會移民處境的人就只是單純偏激、沒同理心。每個人選擇價值觀時都有自己的心路歷程，我們到底又了解了多少？

當天晚上，吉姆招待我們一行人在他的農場用餐。這才知道他的妻子是位語言學者，晚宴中，我們與他的妻子大聊中文、英文、西班牙文等語言差異的趣味之處。

在沙漠的星空下，這一場賓主盡歡的宴會，對我而言是身在異國的一次難得體驗。

對話的可能性

接下來我將面對的是在提姆．弗利口中與非法移民、毒梟是一丘之貉的「人道主義送水者」。

「人道主義送水組織」是一群義工，代表組織接受採訪的是一位七十多歲的退休民權律師——史帝芬．沙頓肖爾（Stephen Saltonshall）。

史帝芬與他的親朋好友認為：**不應該有任何人因為邊境問題而在這片土地上死去，只要是生命就值得被尊重。**

在無法提供金錢等幫助的狀況下，在邊境提供能維持生命的「水」是最實際的協助了。

送水組織在邊境先調查非法移民的路徑，接著設下幾個重要的給水站，並且在給水站樹立高高的紅色旗幟，方便非法移民從遠方就能發現給水站。

此外，他們會開著車定期巡邏水桶裡的水量是否足夠，以及檢驗水是否被人下毒。

採訪當天，史帝芬邀請一名墨西哥裔的年輕藝術家一起參與送水行動，年輕人說：「小時候我如果下課想吃零食，越過邊界去墨西哥就能買到比美國更便宜的零食，又有好多好玩的事物。當時根本不需要護照，如同無國界般美墨兩國人民能自由來去。若想見親人朋友也不像現在限制重重，而且好不容易見到面了，還得隔著一道牆……」

我想到不久後，我將親眼見到在邊境牆發生的生離死別。

年輕藝術家接著說：「移民問題與國與國的關係息息相關，如果兩國關係良好、人民交流頻繁、在土地上共榮共存，那麼移民問題就自然而然減少了。移民問題是長時間累積的，它屬於歷史文化的一環，並不是一朝一夕造成。」

聽他這麼一說我意識到，過去我以為移民問題與當政者的政治取向有關，但其實來自於千絲萬縷的人與人、國與國關係，並非只是短期政策造成。

我跟著史帝芬一行人檢查過一個又一個給水站。

史帝芬會用慈愛的眼神對我說：「每次只要看到水量變少，我就會很開心。」

由於這次紀錄片的主要人物是提姆，我不免要問史帝芬對提姆的邊境偵察組織的感想，他用不以為然的口氣說：「我知道這群人，他們又不是執法者，卻拿著槍到處晃，根本幫不了什麼人，又讓當地居民感到恐慌。」

他繼續說：「有一次那幫人真的對我們叫囂，他們說：『就是你們在幫那些非法移民，所以你們也是犯罪者！』我生氣地回他們：『所以呢？所以那些人就該死嗎？』」

看史帝芬說得激動，這一刻我突然有種異樣感覺升起，對於這個組織我產生了與出發前的不同印象。

出發前，我打自內心支持送水組織，但聽史帝芬說完這番話之後，我心想：其實你們與提姆這兩方，都生活在這片土地上，也都愛這片土地與國家，只是你們選擇了不同價值觀與信念，採取了不同做法罷了。

因此從我這個外來者看來——你們都是一樣的人。

我反而認為：**你們何不各退一步，放下武器與不堪入耳的話語，坐下來好好聊一聊？真的沒有對話的可能性嗎？**

移民問題不只造成國與國之間的張力，也造成了國民與國民之間的張力。

或許我提出的「坐下來談話」對他們而言是天真的想法，但從我這不帶情緒的旁觀者來看，或許這才是解決歧見的最佳方式。

＊＊＊

到此我想先跳開採訪拍攝，說一段出發前的體會。

我有個小學同學在亞歷桑那州當律師，是兩個小孩的媽媽。在出發採訪之前，我想先詢問住在亞歷桑那的她對非法移民的看法。

當然她看到非法移民的照片或影片也會感到心痛不捨，但她從另一個角度來看這個議題，帶給我另一番的思考。

她說：如果真的想來美國，就循正常的管道申請。我們每一個移民都是這樣走過來的，你怎麼能覺得自己可以插隊？

申請合法移民，要熬過許多關卡，面試、坐移民監……好不容易得到了身分、權益與當地社區的尊重，卻因為不按規矩來的非法移民，連帶的使合法移民的處境也變得難堪。

我無法說我同學的想法是不正確的。

當然每個生命都有它冒險的理由，但不是每個人都有餘裕為他人著想。

我原本以為，身為移民會支持移民。但反而身為移民，他們會更希望別人不要

「胡搞瞎搞」。

當美墨邊境這一集紀錄片上線之後，我另一個移民美國多年的小學同學傳訊息給我，她說：「寶儀，我真的謝謝妳。美國已經沒有人這樣討論事情了，當美國人站在某個立場，就不會改變立場。只要立場不同，就敵我分明。沒有對話，只說自己想說的話。」

我與同學平時很少聯絡，她發來這訊息讓我十分驚訝，但也了解了紀錄片在他們眼中看來彌足珍貴。

還記得剛進大學得到的震撼而帶給我的思考：**原來這世界並不像他人或課本告訴我的那樣，世界到底是怎麼樣，我必須親眼去看見它。**

因此對我來說，世界並不是非黑即白，也沒有標準答案，能給觀看者帶來啟發，對我來說，這趟旅程再怎麼辛苦與危險，都值得了。

黑白兩道共生共存

終於要真正越過美墨邊界。

這一天，我們要越過邊界去墨西哥的移民庇護所「The San Juan Bosco」採訪。英國導演堅持只能有一輛車去，而且得當天來回，多待一刻都不行。如果北京的同事堅持要去，就自己開一輛車。導演說：「亞裔在墨西哥目標太顯著了，很容易被鎖定。」

車上成員是墨西哥製片Alex、導演、我、兩名攝影師與收音師、司機以及翻譯。出發前我們先在邊境超市補充水與糧食，我發現超市裡幾乎都是墨西哥人，說的都是西語。只要有多次簽，他們就能來美國邊境的超市採買。在超市裡，已經有身在墨西哥的錯覺。

在過邊界時我非常緊張。想起過了這條線，導演就保不了我的恐嚇話語，但奇妙的是，海關根本沒檢查我們的護照，車子就這樣輕易開過去了……

我問司機：「就這樣？」

他說：「對啊，就是這樣。」

這與我的緊張對比，實在太荒謬。

到了墨西哥的諾加列斯城，反而帶給我生意盎然之感，這裡的鮮豔色調與美國邊境城市的灰撲撲大不相同。

這裡人聲雜沓、食物味道濃郁、街頭充斥塗鴉，跟美國亞歷桑那州比起來很有「生活味」，儘管街景有些髒亂，但雀躍的心情令我想跳起舞來，我跟Alex說：「沒想到來到墨西哥我挺開心的！」

一開始導演先拍我在街道上走的畫面，邊漫步我邊想：墨西哥沒想像中危險嘛！走著走著，Alex突然說話了：「到這邊我們講話得要小聲點。」接著跟攝影師說：「你的鏡頭不要帶到右手邊，右手邊的巷子轉進去就是毒梟的大本營。」

於是大夥兒只敢將眼角餘光飄向右側，但所有攝影器材一動也不敢動，走過這條街。此刻我才真正感受到危險與恐懼。

在眼角餘光中，我看到一些年輕人聚集在毒梟大本營前方。

走過這條街再往回走時，我再度偷瞄方才經過的危險路口，發現有輛警車停在那兒，但似乎不是來逮捕人……心想：黑白兩道在此處原來是共生共存的。

我窺看到墨西哥居民的生活切面，在看似悠哉的日常之外，得小心提防躲藏在街角的危險，並且得學習與其和平共存。

為什麼把「愛」分隔開來？

離開市區，接著我們去諾加列斯的邊境牆。

跟美國「乾淨」的邊境牆相比，我看到墨西哥的邊境牆有情侶靠著牆的兩邊聊天。隔著牆無法擁抱，國境兩端的親人想觸摸彼此，由於網子的縫隙太小，他們甚至只能手指觸碰手指……為什麼？為什麼要用人工物把「愛」分隔開來？

看著這道牆，看到這些人，我不能理解，是誰制定這樣的法律限制了人與人最基本的交流？

邊境牆上掛著許多十字架，Alex說：「這每一個十字架都是曾想跨越這片牆離開，最後沒成功而失去生命的人。十字架上寫著他們的名字。」

牆上還有許多用西班牙文畫上的塗鴉，它們彷彿在極力地發出聲音吶喊，相較於美國邊境牆的一片死寂，是極大的反差。

接著去主要目的地——庇護所「The San Juan Bosco」。庇護所位於半山腰，我們特地下午四點多才去，因為想拍到廂形車載著被遣送的非法移民來此休息的畫面。庇護所由一個墨西哥家庭經營，已經運營了數十年。負責人說，他們只是想提供非法移民能有一晚暖飽的乾淨地方，讓他們想想接下來要往哪兒走，但通常負責人的建議是，不要再往前走了。

他的理由是：「**你根本不知道你所追尋的夢想，是不是真實存在。那裡的現實也許比這裡更殘酷。**」

我們看著廂形車一輛輛開過來，每個下車的人手上都提著一個塑膠袋，而那就是他們全部的家當。每個人的臉都寫著疲憊。

非法移民進入庇護所時先登記，接著安排他們吃飯與洗浴。

隔著牆無法擁抱，
國境兩端的親人想觸摸彼此……
他們甚至只能手指碰觸手指……

美國是一個希望？

透過安排我訪問了兩名非法移民，其中一名是十九歲的男孩。男孩到庇護所時膝蓋以下血肉模糊，在那裡住了一段時間，所方還籌了錢為他動手術裝義肢。

男孩說：「我聽家鄉的人說，去美國可以賺很多錢，我想去試試看。」

男孩坐上野獸列車，從南美洲的南方一路往北走。之所以叫野獸列車，是由於列車沿途的治安都不平靜。不少人沒錢買車票便躲在車頂上，晚上睡著了一不注意滾下來被車輪輾過。列車上更有所謂勢力範圍、收保護費。

這名男孩就是晚上不小心睡著從車頂滾下來，被車輪輾過自己的腿，最後被送到墨西哥邊境的庇護所來。

我問男孩：「你接下來想回家，還是有其他打算？」

他說：「如果有機會，我還是想去美國。」

我在心中大喊：你看不出來老天爺阻止你去嗎～～

但我不方便潑他冷水，只是靜靜聽他說。

另一名受訪者是四個孩子的母親，她在美國被捉住之後遣返回墨西哥。

她說：「我實在養不活四個孩子，美國也許是一個希望，我想去拚一拚。」這名母親籌了一筆錢給人蛇集團，帶她越過美墨邊界。她接著說：「去美國這趟路很可怕，晚上冷得睡不著，又沒有水喝。我身上被荊棘劃出了好多傷口，流了好多血……人蛇看我的傷太重就把我丟在荒野，我以為再也看不到孩子了……難道我為了孩子做的決定是錯的嗎……」

非法移民都各有不為人知的故事，越過邊界也不是都為了要犯罪。南美許多城市被毒梟與黑社會把持，若不是日子過不下去，誰願意冒著生命危險離鄉背井？

晚上回美國，光是在海關就排了一個多小時，當天晚上十一點多我們才回到美國境內。

去程不檢查，但回程時美國海關對每輛車都做安檢，連車底都不放過。回程一路上我的心沉甸甸的。緊繃的神經無法鬆懈，我感到巨大的疲累，眼前仍閃過一幕幕庇護所內的景象，加上聽到太多悲傷的故事，直到回到美國境內也找不到能鬆一口氣的出口。

還記得當時車上的我又餓、又累，一句話也不想說。

英國導演打破沉默問我：「寶儀，回去之後想吃什麼？」

我嚴肅地回他：「不要再問我任．何．問．題．了！」

連我最重視的放工飯都沒心情吃，可想而知這趟墨西哥之行所帶回的衝擊與思索有多沉重，沉重到我無法再承受一絲一毫的詢問與話語。

＊＊＊

接著去的是位於美國土桑（Tucson）的收容所，這裡也是由一群志工管理。我們聽說中午十二點、一點左右會有車開來，因此於這段時間前往。

這裡專門收容已過美墨邊界、得到臨時庇護證明的人（有親友在美國才能拿到），幫他們聯絡接下來要去的地方，並且幫忙訂車票。所內大約只能容納十多個移民。

這裡看起來有家的溫暖，不像墨西哥的庇護所有如軍營。這裡有院子、開放式廚房，還準備了小孩子的玩具。

我們坐著等非法移民到來。車子開進前院，我注意到有小孩下車，這時我的心像被重重撞擊了。來美國之前，我看過《時代雜誌》上一名小女孩哭望著川普的合成封面。而來美國已一個星期，我還沒看到非法移民是兒童，即便在墨西哥也沒看到。

這是這趟我第一次看到孩子！

下車的孩子有的看起來三歲，有的看起來五、六歲，他們在該天真無邪時翻山越嶺。經歷我無法想像的痛苦，當我看到這情景立刻流下了眼淚。

志工們都很有經驗，倒冰茶給孩子喝，還拿玩具給他們，孩子們一見到玩具都高興極了。

無法奪走的勇氣

導演開始準備採訪。所方安排我們訪問一名當時二十六歲的瓜地馬拉女子，她就是我在上本書《50堂最療癒人心的說話練習》中〈不可預期的療癒時刻〉提到，那名帶著三歲女兒逃離毒梟之手的母親。

她原本在一間教會做義工，幫忙宣導青少年不要再吸毒、販毒，不要進入黑社會。由於她做了這些事，被當地的黑道視為眼中釘，打電話到她家，跟她說：「妳如果三天之內不走，死的不是妳，是妳女兒，妳自己好好想想！」

她知道這些黑道人士什麼事都做得出來，只好帶著三歲的女兒逃亡，試圖越過美墨邊界。

我問這名母親逃亡的過程，她說：「當遇到盤查時，惡劣的人蛇就把全車的人趕下車，他們要所有人躲在草叢中迴避盤查。到了美墨邊界時，人蛇再次把我們趕下車，還說：『我只能送你們到這裡，你們自己想辦法申請政治庇護吧。』於是我看著邊界想著：到底該怎麼辦才好呢？……最後我決定，好，我要衝衝看！於是我抱著女兒，對她說：『妳要抱緊我！』……」

昨日越過邊界去墨西哥的情境還歷歷在目，此刻我能感受到這名母親的勇氣與恐懼。要翻山越嶺並走過沙漠荊棘與荒原，還要抱著無辜的女兒衝向荷槍實彈的崗哨，我深知這一路有多麼困難。

採訪這名母親沒多久，她的三歲女兒就大哭著要找媽媽。小女孩害怕與母親分離，儘管只是分開一分鐘都不行。

我聯想到《時代雜誌》封面上的小女孩。是遭遇什麼樣的處境，會讓孩子如此需要安全感？

這名母親接著對我說：「我之所以願意說出我的遭遇，是希望看到的人能明白在移民身上發生了什麼事。」

我再度流下眼淚，採訪最後我握著這位母親的手，對她說：「不管別人對妳做了什麼或說了什麼，他們都不能從妳身上奪走妳的勇氣。而我相信妳的女兒有一天會明白，妳是抱著多大的勇氣與希望帶著她逃離威脅，奔向一個可以期待的未來。」

把從這位母親身上感受到的勇氣回饋給她，用鼓勵與安慰取代憐憫，這是當時我唯一能為她做的事。

人，生而平等？

另一名受訪者是十五、六歲的青少年，他與父親結伴來美國。但年輕人說話欲言又止，訪問到一半我知道這段不能用。他的父親在一旁盯著兒子受訪，也許他的存在給了兒子壓力。

我轉而訪問父親，父親的說法與其他移民無異，生活苦得活不下去，聽美國的親人建議才來美國……而我發現，他的腳上有電子腳鐐，他說：「戴上腳鐐是必須的，因為成年人較有犯罪風險。」

我再問他：「戴上腳鐐你會覺得不舒服嗎？」

對我來說，這是一種屈辱感。

沒想到他說：「這腳鐐讓我很開心，因為戴上它可以讓川普總統知道，我是一個好人，我可以留在這裡！」

此時，我看著墨西哥製片Alex，再看向導演，我們同時都無言以對。

我們都是「人」，我們不是總被教會人沒有高低之分，是平等的嗎？而人將自己放在卑躬屈膝的處境中還不以為意，到底是什麼讓這個世界如此錯亂？

這段讓所有人傻眼的訪問，沒被剪入紀錄片中。可是我想讓你知道，的確有人是以這種想法過生活，而我們該思考這錯置的價值觀，到底是從何處來。

看著這道牆，
看到這些人，
我不能理解，
是誰制定這樣的法律
限制了人與人
最基本的交流？

我們變成了他們呢？

在美墨採訪這一個多星期中，導演聯絡上《時代雜誌》拍攝到哭泣小女孩的攝影師約翰．摩爾（John Moore），於是臨時加入他的訪問。

導演認為，這張川普低頭看著哭泣小女孩的合成照片許多人看過，引發了不小的討論聲浪，也扣合這次美墨邊境主題，因此邀請他從紐約飛來美國邊境接受我的訪問。

約翰花了很長時間在美國邊境採訪，也曾坐上野獸列車拍攝非法移民。

那張哭泣的兩歲宏都拉斯小女孩照片，是他跟著巡邏隊在邊境查截到一群偷渡者時拍到的。當時邊境警察要求小女孩的母親把手放在車子上，警察要搜她身，小女孩在一旁大哭，被約翰捕捉到這畫面。

其實當時小女孩只是希望母親能抱她，但母親卻連抱她都無法做到。

約翰說，邊境警察如果抓到偷渡者，會把偷渡者鞋子上的鞋帶抽掉，如此一來偷渡者就無法逃跑。

我問約翰：「許多人關心這對母女接下來的處境，她們去了哪裡？」

他欲言又止地說：「我也不清楚。」

或許他知道些什麼，但不方便在鏡頭前說吧。

與約翰手中的相機一樣，這次拍攝我們能做到的，是讓人們知道這世界正在發生什麼事——有人正在受苦，而我們不能無視他們所受的苦難。能為受苦的人發出一點點聲音，這是媒體工作者起碼能做的事。

我們無法控訴誰，只希望正反方的聲音都能被聽到。

坐在導演安排的片尾場景車頂上，一邊看著投影機播放的畫面，一邊回想這趟旅程所見到的一張張面孔。

我在想，到底那條看不見的「界線」是讓我們的世界變大，還是縮得更小？

我也常疑惑，人們為什麼總是要努力區分我們、你們跟他們，如果有一天立場互換，我們變成了他們呢？

在能力所及之下，如果每個人都能選擇不仇視任何人，或許就再也沒有那條無形中劃分了你我、看不見的界線。

而什麼時候，我們才能明白，其實萬事萬物都有關聯，環環相扣，從頭到尾都只有「我們」呢？

事實上那天我們只爬了一座山，而移民在翻山越嶺之後，
還必須穿過沙漠，才能抵達有人跡之處，得到食物與水……當我一坐
下來便拿下遮陽帽遮住我的臉，開始無聲地哭……

在那十天中，我見了一些人，
聽了一些故事，接著我將這些故事帶到你面前。

陽光下，我們就像日常一般聊天，
彷彿危險、恐懼都是假的……

旅程4

永生——何謂真正的活著？真正的死亡為何？

「生命的意義在於它會終結。」

——卡夫卡（Franz Kafka）

以「安樂死」開啟旅程，以「永生」結束旅程，不禁要讚嘆老天爺的精心安排。

這世上有的人想提前結束生命，更有人想要長生不老。針對這種打亂自然節律、追尋不朽的行為，我們去拜訪生物倫理學家、延長生命的研究機構、實際接受延命療法的人們等等……一路上越是探究，我越是思考：

如果人不會死，那麼安樂死是否就勢在必行？

誰來決定誰可以得到永生？

如果人類得到永生，地球資源該如何分配？

……腦子裡的疑問同樣千絲萬縷。關於「死亡」的課題我已花了多年時間思考；關於「永生」的課題，走完這趟旅程，或許我能得到意想不到的啟發。

「永生」是我們最後決定做的主題，因此上一趟旅程在七月底結束後，加上準備期，九月我們才出發拍攝。

前三個拍攝主題製作團隊很快就定案，但第四個主題一直難以定論。性別議題？

動物權益？環保？……由於《明天之前》這紀錄片就像是拼圖，我們曾討論有人積極求「死」，若加入有人積極求「生」，這塊拼圖或許就完整了。

所謂「長生不老」是指人類能健康地活到三百歲以上，只不過目前還處於假說階段，它與為人治病的醫學是兩回事。

經過討論，我們想把拍攝重點放在這兩點上：一是長生不老目前已走到多遠了？二是如果長生不老有一天成真，會帶給社會何種衝擊？

九月在美國聖地牙哥剛好有長生不老大會，幾名重要受訪者也會去參加活動，選擇此時出發再合適不過。

誰想長生不老？

重返美國之前，我們先飛往英國採訪。

首位受訪者是反對永生的學者理查．法萊格（Richard Faragher），他是英國布萊頓大學老年生物學家，專門研究人類為何老化，但對於激進地延長生命則抱持懷疑的態度。

進到理查的實驗室，我還煞有介事地穿上實驗衣。

之所以去訪問理查，是因為接下來在長生不老大會預定採訪的麗茲・派瑞希（Liz Parrish）。

麗茲號稱是世界上第一位利用雙重基因療法反抗衰老的人。起因是她的兒子有第二型糖尿病，在美國被診斷為無法治療，麗茲打聽到中南美洲的實驗室有人在做改造基因人體實驗，想拯救兒子的她，竟用自己做人體試驗，還認為很有成效。

但這實驗在美國並不合法，因此她成立利用細胞技術改造基因的「BioViva」基金會，一方面做研究、一方面仲介有此需求的人去中南美。但也因此麗茲極具爭議，對科學家來說，在麗茲身上所做的實驗是無法被驗證的。

我在之後的訪問中問麗茲：「學者專家們都說妳無法被驗證。」她說：「大家可以來檢驗我的身體呀，看是不是真的很有效果，我是開放的。但問題是沒有人來驗啊！」

理查正是抨擊她最多的學者之一，他認為麗茲做的那些實驗性療法，從科學角度來看根本站不住腳，而她只是個商人，利用人們生病時的脆弱心理，去獲取利益。

理查另一個反對永生的原因，是他認為若把過多資源放在延續生命的研究上，那麼我們每天真正在面對的疾病反而被忽視了。就如同有些人認為地球將不宜人居，而將過多資源放在研究外星移民計畫，但維護地球資源讓人類能與地球共存才是需要迫切解決的問題。

因此，跳過疾病去處理長生不老，是好高鶩遠、遙不可及的想法。目前癌症問題解決了嗎？傳染病問題解決了嗎？

不只疾病，這世界連飢餓問題也沒有解決，長生不老只是極少數人的需求。根據調查，想要永生的大部分是有錢的中年白人。他們有一定的社經地位，捨不得離開這個世界。

試想，若去問以打零工維生，只能求生存而沒有生活的工人階級，對他們說：「如果能讓你活到三百歲，但過的日子跟現在一樣，你願意嗎？」

他們的答案真的很難說。

聽完理查這番話，我心裡想著：

是啊，誰想長生不老？**到底是為了誰在研究長生不老？**這麼做是否真的好高鶩遠，而忽略了當下的所有問題？

但反過來想：**我們也不能因為長生不老不需被迫切解決，就認為它不值得研究。人類許多進步是為了解決當下的問題，但長遠宏大的目標也有其存在的必要。**

對這一點我保持開放的想法，先不妄下定論。

＊＊＊

英國的另一名受訪者是在曼徹斯特大學任教的生物倫理學家：約翰．哈里斯（John Harris）。他不但是這個領域的意見領袖，經常上電視廣播討論生物醫學倫理的話題，同時也是WHO與聯合國相關組織的顧問。

那天的採訪，英國導演想要畫面豐富一點，因為都只是拍兩人對話很單調。導演問約翰：「能請您邀兩名課堂上的學生來與寶儀一起對談嗎？」

一開始我不確定自己能不能對談，我能聽，但不一定能談。

導演還設計場景：租一條帆船，四個人在泰晤士河上暢談永生的議題。

但我永遠不會忘記，那天早上我們到了泰晤士河某個碼頭等船的駕駛來，沒想到駕駛來了才發現他不太會開那條船，怎麼試都開不出去。

好不容易船移動了，但不知為何船居然撞到一旁的碼頭……所有人愣在當場。

這時導演開口了：「既然船的問題需要時間處理，那我們就來問問大家對永生這件事的看法。」

所以才有了紀錄片中我的一段話：「我知道男友正在看這紀錄片，我會非常樂意跟他一起活到三百歲。」

贊成「永生」？還是反對「永生」？

最後，那艘船還是沒有開出碼頭。於是導演臨時去借了附近的記者協會作為座談場地。

生物倫理學家約翰盡量讓他的學生暢所欲言，而我也鼓起勇氣說了一長串闡述我想法的英文。我心想：拍到第四集，我的英文真的進步很多呢，已經可以討論嚴肅的議題了！

我記得當時說：「這個議題的討論我認為是重要的，如果有一天人類永生真的來到我們面前，而我們卻不提早討論這件事，將會有一群人任人宰割，在許多電影與小說中，已經陳述了這個現象。」

比方說電影《飢餓遊戲》或《末日列車》，那些得到永生的人原本就是有資源的人，得到永生之後他們會累積更多資源。沒有得到資源的人類，他們的處境將會如何？這正是生物倫理學的研究範疇，如果現在不討論，未來世界會越來越不平衡。

另外，我也說：「我們都是非常幸運的人，你們是專家學者，而我是亞洲的巨星（笑），我們有責任必須先**超前討論**永生這件事，並阻止這件事發展到無法控制的地步。」

在座談中，提出了許多問題；座談之後我也思考了許多問題。

如果得到永生機會的是邪惡的獨裁者呢？這世界會變得如何？

如果人不會死，那麼人口問題與資源分配問題要如何解決？地球能不能負荷這群不會消失的人……在在都需要超前討論。

談到人口問題，**如果有人改變主意想提前下車，那麼「安樂死」是否就勢在必行？所以「安樂死」的道德問題是可以因應時代而調整的嗎？**

假設你可以活到三百歲，你要如何分配人生？按照預定六十五歲退休，還有兩百多年退休生活要過，你要如何消磨這漫長時間，而六十五歲前存的退休金，能用兩百多年嗎？當然你也可以說「我要工作到兩百八十歲再退休」，但這是推翻過去社會秩序，重建新秩序的大變局。先來到這個世界的人要工作兩百多年，那新來到這個世界的人要什麼時候才有他們的機會？

最後，**誰有權利決定誰該得到永生？會不會使階級對立更嚴重？**要不要選擇性愛機器人可能只是一個人的問題，但「永生」卻是全人類都要面對的問題。

如果「永生」真如長生不老大會所說，已經箭在弦上即將發生，那麼請你思考：

我站在什麼位置呢？是任人宰割那一邊，還是有決定權那一邊？

我會贊成「永生」？還是反對「永生」？

＊＊＊

結束在英國的採訪，我們飛往美國加州聖地牙哥。由於聖地牙哥陽光普照、氣候宜人，許多美國人選擇在那裡養老，這裡因此成為長生不老大會舉辦的首選地。

大會主辦方向飯店租借場地，並安排各式各樣的講座與表演，在各個宴會廳或表演廳進行活動。

活動第一天開場請了一群上了年紀的健美猛男熟女做體操，看到這情景我心想：原來有人這樣玩啊……

在我看來，長生不老大會就像是個同人誌大會，全美各地對這個議題狂熱的人都來到這裡了，參加者年齡偏大，看起來生活都過得不錯。

我看到上台的參與者大聲疾呼：「我們目前做得還不夠，投入得還不夠多！我們需要你們的支持！」

這裡不只像同人誌大會，還像是個招商大會哪！

每個生命有不同的選擇

在飯店一處像台北世貿展場的大廳裡有許多攤位，有的賣電解水，有的說用儀器幫你補氣，有的則說輸入年輕血液可以讓人永保年輕，還有高壓氧艙……我一個個去採訪，一一去試（我沒有輸血啦），有的我不以為然，有的似乎有點意思。

我在紀錄片中說：「這些東西群聚、交錯在一個空間內，讓我感到荒謬。」但如果這些儀器單一出現在我尊敬的學者比如李嗣涔校長的分享會中，他說這個很有用，我可能就會相信他了。

長生不老大會，從頭到尾對我來說都是個非常矛盾的體驗。

大會共舉辦三天，活動辦得很緊湊，每天有不同的學者來演講，有科學家、勵志專家等，而大會最大的明星有三位：生物醫學與老年專家奧布里・德・格雷（Aubrey de Grey）、前面提到的麗茲・派瑞希以及伯尼黛恩（Bernadeane）。這三位明星都會接受我的專訪。

而伯尼黛恩與她的搭檔詹姆斯（James Strole）是長生不老大會的發起人，他們看起來永遠光鮮亮麗，走到哪裡都有人想跟他們合照，是永生界的巨星。

記得這趟旅程出發前有個小插曲，我那來自亞歷桑那的英文老師對我說：「伯尼黛恩與詹姆斯這兩人，在鳳凰城附近經營一個團體多年，我有親友加入這個團體，這團體是個Cult（有人翻譯成異教，也有人翻譯成邪教，就看你將它定義在光譜的哪一端了）！」

當時我驚呼：「這世界也太小了吧。」

伯尼黛恩與詹姆斯參與永生這議題已有多年，他們認為人類必能做到永生，只要你相信。

伯尼黛恩已八十多歲，打扮花稍，而她的爭議處在於：她的先生在幾年前去世，使得她的信徒質疑──妳不是說人類可以永生嗎？

在採訪伯尼黛恩時，我也婉轉問了她先生的離世，她有一點面有難色，但仍回答：「每個生命有不同的選擇，你也可以不選擇永生。」

這個回答想必是深思熟慮過，聽起來沒有破綻。

有影響力的人關注「永生」

為了採訪，我聽了好幾場研討會，包括奧布里、比爾．安祖（Bill Andrews）的研討會。此外《奇點臨近》（The Singularity Is Near: When Humans Transcend Biology）的作者

長生不老大會，
從頭到尾對我來說
都是個非常矛盾的體驗。

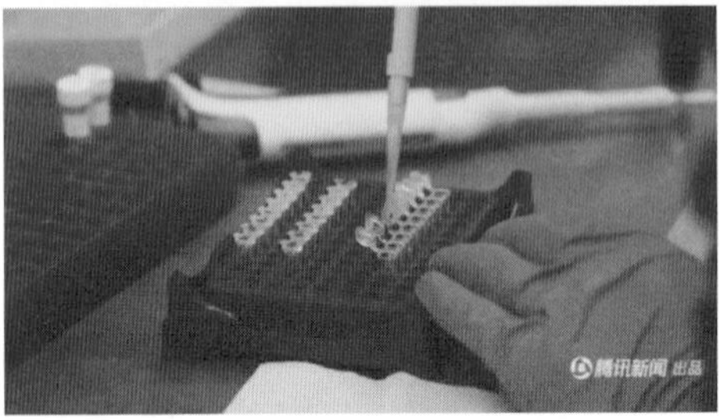

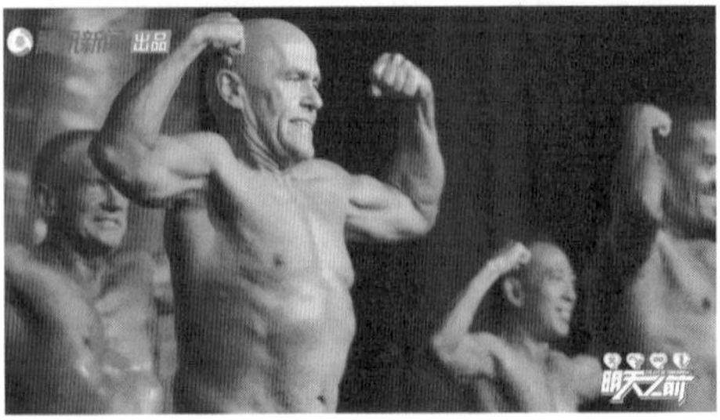

雷蒙・庫茨維爾（Raymond Kurzweil），以及美劇《三人行》的其中一名女主角蘇珊・薩默斯（Suzanne Somers）也到場支持，她也是永生界的言論領袖之一。

雷蒙在學術界有舉足輕重的地位，他是一位作家，發明家和未來學家，而且目前在Google擔任工程總監。他認為激進的生命延續（就是我們在這裡說的長生不老）會激化生命的提升，甚至預測二〇四五年人類將成為生物和非生物的混合物。可惜由於沒有事先約時間，而且他來去匆匆，所以無法進行專訪。

由於雷蒙也現身會場，讓我察覺長生不老大會不只是同人誌活動而已。的確是有在學術界擲地有聲、社會上有影響力的人也關注著「永生」議題，這並不是兒戲或直銷大會。

不禁想：會不會美國在永生的研究已經走到了我們不知道的境界？

＊＊＊

以自己的身體做人體細胞實驗、追求回春與健康的麗茲・派瑞希，也是此次活動的焦點之一，我們約在飯店房間專訪。

雖然我之前看了許多關於她的爭議性報導，但她在專訪中所說的話，有些的確打動了我。

比方說前面提過她開始改造身體的契機，來自想治好兒子的糖尿病。當這些話從一名曾經絕望的母親口中說出，我很難質疑她話語的真誠度，也不能評斷她的動機是錯的。

但她離開採訪現場後，我也問自己：如果這只是話術呢？**能說出一個好故事，就能成功把產品銷售出去**。我們深知這個道理。

此外麗茲是所有我訪問的人中，唯一對我說一大堆專有名詞的人。她彷彿想證明自己：我是有憑有據、是有科學基礎的。

一位有文憑的學者，不需要證明自己的專業，就因為她沒有，才必須如此裝飾自己。

我再次看到了一個「人」。也想到如果我對自己說的話沒信心，可能會說出許多成語、唐詩、偉人名言……來說服人們我讀的書夠多、我的想法有人背書，說話有深度。

看到與我年齡相仿的麗茲，我衷心佩服她的努力，但直到如今，我依然不知道自己要不要相信她。

衰老是件可恥的事？

至於另一名長生不老大會的超級巨星奧布里，我們則是在會場追著他跑，他實在太難約了！

最後只好在飯店蹲點到晚上八、九點，直到奧布里參加的派對結束，深夜在游泳池畔打燈訪問。

留著一把招牌大鬍子的他，還大言不慚地對我說：「我敢保證，妳所問的任何問題，我之前都被問過。」

身為天才型學者的他，著實狂妄！

的確，大部分我所問的問題不超出他的想像範圍，而我竭盡所能問了這個問題：「您所能預見的最好未來是什麼？」

他說：「妳問得直接，我就直接回答了。如果有人問我未來人類能活多長，我會說，未來的人大部分都能活一千年以上，事實上，一千年還是保守的回答。」

奧布里的名言是：衰老是一件可恥的事。（咦？這不是一〇四歲人瑞大衛・古道爾的T恤標語嗎？）

因此他要攻克衰老，但也是因為他如此激進，才得到許多人的追隨。在採訪他時，我清楚地感受到他的聰明，直到做完訪問，我沒有一絲覺得自己丟臉，只覺得原來與天才聊天是這種感覺啊。

結束訪談後，**我真真切切希望奧布里是個善良的好人**，希望他能把他的研究與聰明才智，用在對世界有益的地方。

如果他只是想證明自己聰明，沒去思考過他的研究可能帶來的後果，我會對此抱持著擔心。

接下來我想說一段很重要的後話。

為了採訪長生不老大會，我在飯店待了三天，哪裡也沒去。面對這些侃侃而談、遙不可及的專家與儀器，我的心裡很苦悶，甚至覺得自己快生病了。

直到第三天下午原本與奧布里約在離飯店車程不遠的公園採訪，到了才發現附近學校在辦畢業典禮，有遊行有樂隊表演，滿滿的人潮，嘈雜得無法訪問，因此取消訪談，改到飯店泳池旁夜訪。

但也因為來到公園，我才感受到「生意盎然」。有小孩在公園四處跑，我還打下了一個寶可夢的道館，更重要的是，我曬到了加州的陽光。

這一刻我才明白：

即使聽了這麼多療癒人體、讓人類永生的理論與遠景，但對我來說，**最能療癒我的，其實是一毛錢都不必花就能享受到的陽光。**

＊＊＊

還記得這趟出發前我在個人臉書上做了普查，我問朋友：

如果有一天你能活到三百歲（不是以老病狀態再活兩百多年，而是可以選擇健康地活），你想不想要？

我的臉書有一半以上是同學，大部分是女生，很多已當了媽媽，她們會先問我：只有我一個人能活三百歲嗎？還是我愛的人也可以？

這些做媽媽的，沒人想要獨活——因為她們現在是為家人而活。

另外有的同學說：我想活久一點，我想看孩子長大。

大部分是圍繞在家庭與孩子。

至於單身或是沒小孩的男人會說：不要！一想到我要失戀二十次、離婚八次，就覺得太痛苦了！

有的則說：想到要對著伴侶兩百多年，我沒辦法……

也有朋友詩意地說：如果我可以作爲人類活到八十歲，接下來成爲鯨魚三十年，再接下來成爲狗十五年……可以切換不同人生就好了。

玩夠了，就該離開

看完所有朋友的想法之後，我突然明白，會不會選擇永生跟你當下的處境有關？過得好不好？最在乎的是什麼？是否曾受過傷？……決定了答案。

朋友反問我：那麼寶儀想不想活到三百歲呢？

其實整個「永生」之旅走完後，我才在臉書上寫下答案。

由於我相信靈魂永生、相信死後的世界、相信多次元的宇宙，因此地球的生活像是我到了一個遊樂園去體驗。

如果我選擇永生，就像在旋轉木馬上坐了很長時間，但哪裡都沒去。遊樂園除了旋轉木馬外，還有很多遊樂設施，可能還有星際大戰、玩具總動員、雲霄飛車……而在這個遊樂園之外還有別的遊樂園。就如同整個宇宙不是只有迪士尼，還有環球影城可去。

如果我只局限在一具軀體與一種人生中，我就失去了到其他遊樂園遊玩的機會。玩夠了，我就應該離開。

由於旅程中並沒有觸及這個領域的討論，僅在世俗層面打轉，因此出發前與結束旅程之後，我的答案都沒改變。

我的答案是——不，**我相信還會有帶給我其他體驗的地方**。

我不需要執著於這個身體與這個地球。

「延長生命」成為候選人的政見

離開聖地牙哥之後，我們去舊金山訪問一名曾經是二〇一六年美國總統候選人的佐爾丹・伊斯特萬（Zoltan Istvan），他的政見便是人類永生。

他是個充滿熱情、對理念奮不顧身，一點也不像政客的「人」，他的狀態甚至讓我聯想到唐吉訶德。

由於英國導演想營造在不同城市採訪的氛圍，因此先從地標漁人碼頭開始。

佐爾丹說：「把延長生命作為政見，是很重要的事。只有如此才能解決人類的問題。」

因此佐爾丹走的是「超人」路線。他主張可以在人的身體植入晶片，而與其花大錢研究軍事，不如把錢花在研究「人」的身上，讓人類能夠永生。

佐爾丹當時在競選活動期間，把競選車改造成長形棺材，開車去美國各處宣揚理念。在我看來他是個理想主義者，有點傻。

我想嚴肅地把他視為一名總統候選人，但事實上做不到。

頂著寒冷的海風訪問他一個多小時後，導演希望佐爾丹在漁人碼頭與路人聊天，試著用他的理念來說服路人。

這段著實令我覺得尷尬，我陪著佐爾丹隨機找路人，但漁人碼頭大部分是觀光客。當佐爾丹說完他的理念後，我會再問一句：「如果你有投票權，會投給他嗎？」通常路人會說：「我不是美國人。但如果你是我國家的候選人，我可能會投給你。」

這是友善的回答。

其實在漁人碼頭，真正的美國人都在工作，後來我們決定找個當地人來問，便找了個工地工人。工人看起來不太耐煩，還是耐著性子聽完了佐爾丹的理念，他說：「我知道你在說的是什麼，但沒辦法解決我當下的問題。」

我又問工人：「你願意投票給他嗎？」

工人說：「我不知道。目前我了解得還不夠多。」

雖然這種理念無法解決當下問題，但我認為這樣的聲音必須存在。有時候某種高大上的理論會成為一種旗幟，而這種旗幟有其存在的必要，例如「消滅飢餓」不也是某種目標遠大的旗幟？有了目標，才有解決問題的可能。而假設我是這個理念的倡導者，從我自己開始節約糧食後，就能影響身邊的人們，進而把理念傳遞散播出去。

因此像佐爾丹這樣的人，或許他們的理想離我們過於遙遠，但遙遠的理想不因為它遙不可及而不值得存在。

那天漁人碼頭明明很冷，但佐爾丹在對路人宣揚理念之後卻緊張到全身是汗。

這一刻我突然覺得他除了有點傻，還有點可愛，至少他提出了一種想法，而這想法能帶給人們另一種思考的面向。

下午我們去佐爾丹的家，他很酷地用虎口感應電子鎖開門，原來他在虎口植入了晶片。他說：「如今科技發達，人若與機器結合，可以解決很多生活上的問題。比方說把手機晶片植入身體，就不需要帶手機出門了。」

佐爾丹的太太去上班，兩個女兒在家。她們的爸爸秀他的競選旗幟與機器人給我們看，而女兒與爸爸一樣喜歡機器人。

不久後太太下班回來。太太看起來大方接納我們這些陌生人，也表現出支持丈夫的態度，但我總感覺她支持得不夠「流暢」。

我問她：「妳願意和佐爾丹一起活到三百歲嗎？」

她的表情面有難色，這表情便說明了一切。

但我對她是尊敬的，有許多問題想要問她：如何扮演一名稱職的伴侶、兩個小孩在學校是否會被嘲笑、經濟上是否匱乏、父母如何看待這個女婿……佐爾丹太太在〈永生〉這集紀錄片是個很特別的存在，她背後必有精采的故事，我實在很想採訪她，可惜她不是故事的主線，當晚就要飛往鳳凰城的我們時間有限。

對我來說，比起學者專家的大道理，每一個平凡人的活生生的煩惱，才真正有滋有味。

＊＊＊

來到鳳凰城是為了拜訪Alcor人體冷藏公司。

一進Alcor就能看到兩面大牆，牆上一百多張照片揭示著誰被冷凍在這裡。舉目所及牆上幾乎都是白人，亞洲面孔在這裡看起來特別醒目。中國重慶女作家杜虹目前就被冷凍在這裡，她的家人相信未來的科技或許能讓杜虹重生。此外牆上還有一名兩、三歲泰國小女孩的照片。

如何能成為Alcor冷凍人的一分子？需要在生前先簽一份合約，當契約簽署者生命垂危時就必須送來Alcor附近，因為死亡之後要在非常短的時間內用液態氮冷凍身體，或是只冷凍腦幹。

甚至還有人把自己的寵物冷凍在這裡。

出發前我對這間公司充滿疑惑，思考何謂永生？是身體這個物質體永存才是永生？還是意識體永存才是永生？就算日後科技進化到能取出冷凍的身體或腦幹讓亡者重生，但回來的還是原來的那個人嗎？

為什麼人類想要永生？
因為人類懷抱著明天可能比今天更好的希望；
懷抱與所愛的人相處更久的希望；
懷抱看著自己孩子長大的希望……

無法想像的未來世界

我們訪問了創辦人琳達·錢伯蘭（Linda Chamberlain）。琳達的丈夫、也是創辦人之一的佛瑞德（Fred），以及公公與母親都冷凍保存在Alcor裡。

琳達帶領我們參觀內部設施。我問她：「如果有一天您不在了，這機構還能運作嗎？」

她說：「我們有成立一個信託基金，客戶所付的費用一半用來冷凍身體與保存，另一半則是信託基金。即使我們都不在了，保證機構能持續不斷運作下去，也保證有足夠資金能讓亡者回來。」

接著琳達帶我們去冷藏室，負責管理冷藏室的組長名叫邁克。

邁克佝僂著身體，似乎有點年紀，我不得不說他看起來像吸血鬼城堡的管家。這裡看起來像電影場景，而他無疑是最佳選角。

他帶我去看一個個直立的大桶子，他說裡面的人都是頭下腳上冷凍著，而有些桶子裡只冷凍著腦幹。他會定期補充液態氮到桶子裡。

我問他：「在這裡工作會覺得孤單嗎？」

他說：「不，我又不是一個人在這裡，這裡有很多人的。」

其中有一個桶子吸引我的注意，上頭貼著一個小女孩的照片，就是一進到機構看到的那名泰國小女孩。

我問邁克：「我發現其他桶子都沒有照片，為什麼只有這個有？」

他說：「因為那個小女孩的父母偶爾會來看她，會跟她說說話，所以給她這個特權。」

進到機構此時此刻，我被這段話觸動了。我想像一對曾經很傷心的父母，來到這裡懷抱一絲希望，認為某一天他們還能相聚。

事後我得知，這個泰國小女孩名叫愛絲（Einz），她是透過人工生殖出生，但僅有兩年的生命，而她也是唯一不是經由自己的意願簽下冷凍同意書的人，她的父母為她留下腦幹冷凍在Alcor中。

愛絲的父母都是科學家，他們擁有電子工程博士學位，並且相信科技奇異點理論，無法預測的科技爆炸性進步將會來臨。比方說當試管嬰兒技術未成形前，百年前不孕的夫妻根本無法想像能生育孩子，但數十年後奇異點到來，人工生殖成真，那麼重生技術在這對科學家的有生之年又何嘗不可能成真？

明天會比今天更好

琳達又再度走進冷藏室，笑著為我介紹她的丈夫與母親被冷凍在哪個桶子裡。我忍不住問她：「如果有天妳再與先生相遇，妳最想做什麼事？」

她像少女般害羞地說：「這個節目是限制級的嗎？」

由於那名小女孩的故事以及琳達的反應，讓我明白一件事：

或許就現實層面來說，會有人認為這機構是個謊言，只是給家屬一個不切實際的幻想或是夢想。可是人類有時候就是需要一點夢想，才能夠繼續往前走。把希望寄託在明天，如果不是明天，可能是後天；如果不是今年，可能是明年。

失去摯愛的人，也同時失去了部分的自己，懷抱一點夢想，才能夠在往後的每一天走下去，才能照顧好自己。

我所看到的琳達或小女孩的父母，就是抱著這般希望。

而這便是Alcor存在的意義。

不瞞各位，原本我十分抗拒去Alcor，但來了這趟卻發現Alcor是整集紀錄片中最人性的部分。

為什麼人類想要永生？因為人類懷抱著明天可能比今天更好的希望；懷抱與所愛的人相處更久的希望；懷抱看著自己孩子長大的希望……

Alcor教會我一件事：永生是人類的盼想。

＊＊＊

離開鳳凰城之後，前往所有旅程的最後一個城市——波士頓。

這是我第一次來到波士頓，充滿了好奇，也因為這是最後一個城市了，有種曙光乍現之感，心情輕盈了起來。

我們去拜訪哈佛大學基因學研究中心的基因遺傳學專家喬治・丘奇（George Church），他就是我在上一本書提到的，由於我帶著中秋月餅作為見面禮，而得知他居然是作家鹿橋的女婿。

對我來說，喬治是這集紀錄片最重量級的受訪者。他是抗衰老與基因研究領域的翹楚，而他很大方地帶我們參觀實驗室，讓我們在此訪問他。

他其中一個廣為人知的重要實驗，是複製長毛象基因，讓長毛象重返地球。

他在專訪時說：「人們要的不是老而不死，而是逆轉衰老。我認為從經濟與人文的角度來看，逆轉衰老顯然更好，這需要生物學上的重大突破，但並非不可能。用動物來舉例，老鼠能活兩年，露脊鯨能活兩百年，而樹木能活數千年，這些都是能討論的。」

逆轉衰老是我這一路得到的新概念，從喬治口中說出，似乎更具信服力。

喬治的實驗是以幫助人類為最大前提，因此他不挑戰權威，照著規矩走，跟長生不老大會的學者比起來，喬治給我的感覺是更腳踏實地、按部就班。

在跟這麼多意見領袖或學者面對面接觸後，他是我最有可能願意讓他帶領我去探索人類可能性的那位先驅。

當我離開喬治的實驗室後，我對著攝影機說：「如果有一天魔鬼終結者要回到過去某個時間，去殺掉一個曾經改變未來的關鍵人物，這關鍵人物很有可能就是喬治・丘奇。」

而我心中有另一段話想說：如果人類真的能永生，我希望那個永生者是喬治・丘奇。

思考死，才能明白活著的意義

最後的最後，我們去採訪死亡學家柯爾（Cole Imperi），雖然這段訪問沒剪進紀錄片，但在開場她有出現。

柯爾是個留著龐克頭，身上有許多紋身的女性學者。她在學校開設關於生死的課程，自己也辦工作坊。她想教所有人用更積極的方式面對死亡。

有一點很妙，柯爾是我的最後一名受訪者，而死亡醫生菲利普是第一個受訪者，這兩位都提供了跟一般人不同的死亡觀念。

菲利普說：死亡為什麼不能是一場盛宴？

柯爾說：我們為什麼總是認為死亡是恐懼與陰暗，為什麼不去思考死亡帶給我們什麼意義？

第一位受訪者菲利普與最後一位受訪者柯爾，像是形成了一個迴圈——我又重新面對死亡這件事。

而採訪這兩位受訪者都帶給我同一個感覺：**或者在思考死亡意義的同時，我們才能明白活著的意義。**

為什麼活著有意義，因為人會死去。當死亡的意義被抽離後，活著的意義也許就變得不那麼濃郁、不那麼震撼人心了。

就像若沒有黑暗，就不知道何謂光明。

如果死亡是生命的一種設定，也就是這個設定才讓生命的許多事產生了意義。

如果我們能更正面積極地面對死亡，或許我們能更正面積極地面對每一天的人生。

對我而言，「死亡」「愛與性」「界線」「永生」，四種主題形成一趟非常完整的旅程。

也希望對讀著這本書的你來說，這是一趟能帶給你思考的旅程，一趟能讓你更靠近真實自己的旅程，一趟能讓你直視生命的旅程，一趟能讓你得到全然自由的旅程。

—尾聲—

眼界即人生

在波士頓的最後一晚，也是所有拍攝日結束的最後一晚，北京朱導設了一個局。

他去超市買了大量的零食與酒回到飯店房間，團隊的所有人員聚在這裡聊天，慶祝紀錄片終於殺青了。

我與英國導演也開心地聊著拍攝過程中發生過的各種趣事。

我們輪流問每一個人：旅程中你最難忘的是什麼地方？

大家都開懷地笑著說出感想，回味無窮。

我覺得，這個時刻非常美。

這組人陪伴著我，看著我成長，給我許多支持，我真的好愛好愛他們。

我也問英國導演：「這四段旅程中，你印象最深刻或對你衝擊最大的是什麼？」他說：「其實是安樂死中的大衛．古道爾。我跟妳一樣抱著『不知道我在這裡幹麼』的想法。」

聽到這裡，我有些訝異。

導演繼續說：「我為什麼要去追逐一個將死之人？為什麼要去得到一個已經知道結局的結果？可這是我的工作，我必須去做，但對此我心中有許多矛盾，總是產生我為什麼在此的疑惑。」

原來英國導演的想法跟我完全不謀而合！

於是我指著導演的鼻子說：「所以你知道當時在車上，你問我好幾次『妳現在在想什麼』時，我都回答你：『我真的不知道』，其實當時我們想的是同一件事！」

我想起採訪大衛的孫子，當他拔麥轉身離去，而我自責痛哭時，英國導演無論如何安慰我，我仍不斷說著「這是我的錯」，他卻不知道為何我會有如此大的情緒波動的情景。

我哽咽地跟導演說了爺爺告別式那天的情況，媒體是如何粗魯地介入，我在告別式那天的悲傷與憤怒，以及在瑞士我不得不坐在攝影機後方採訪大衛的孫子，換位思考後的心情。

我跟英國導演說：「其實拍攝結束後回到家，我重新回想了這件事，有了新的體悟：**這個過程在我的人生中是很大的祝福**。不是每個人都有機會，用不同的角度去觀看生命中的重要事件，而因為紀錄片的拍攝，我得到了這個機會，使這個事件的拼圖得以完整。我何其幸運，能在人生中得到這個體驗。」

我又想起在拍攝紀錄片過程中，英國導演曾要求我去街訪，當時我硬著頭皮去採訪陌生人，對於導演的指令有些心不甘情不願的心情。

去倫敦採訪死亡醫生的工作坊，這也是安樂死議題的最後一站，導演要我站在機構的門口採訪參與工作坊的成員。

有的受訪者對我說：「我生病了，所以來這裡。」我說：「但你看起來很好啊！」當我說完這句話，那個人以彷彿是得到了祝福的眼神看著我，說：「這是我半年來最好的一天。」

有名受訪者是年約五、六十歲的寡婦，她說：「我先生前陣子過世，他走了之後，我也失去了活下去的欲望。來這個工作坊，是想了解有沒有另一個選項。」

而對我衝擊最大的是一對夫妻，丈夫推著坐輪椅的太太來工作坊參考，丈夫說：「我們十幾歲就認識了，從那時開始就沒分開過，當我知道太太來日無多時，我們就在討論一起走的可能性。」

丈夫還不忘開玩笑說：「妳不覺得在夕陽下，我們兩人走向遠方的影子很美嗎？」

當我聽到這段話，我體認到能「一起走」這件事對這對夫妻的意義有多重要，我無法開口說出任何生命有多珍貴的話語，他們或許比我更明白「珍貴」二字的含義。這段街訪帶給我意想不到的感動，英國導演的決定、我與他之間的張力，有時候的確帶給我意料之外的效果與收穫。

英國導演還說：「其實我也滿喜歡『釘槍』提姆．弗利這個人。」我說：「我明白。人有各種面向，實際相處之後才能發現在媒體報導背後，這個人的可愛之處。」

導演又說：「不只提姆，其實死亡醫生菲利普也是如此，當你認識他們後，便沒辦法全然恨他們。他們不是壞人，只是由於某種機緣而選擇了現在的價值觀。」

有趣的是，美墨邊境是我出發前最不想去的地方，卻是四趟旅程結束後，我最想念的地方。或許是因為其他探討的議題都是未發生的未來，但邊境議題在這當下仍血淋淋持續上演。

再者，為了採訪其他三個議題。我在世界各個城市到處飛，沒有一處停留久待，大部分時間我不是在飛行就是在坐車前往；而邊境這集我在亞歷桑那住了十天，在方圓一百公里內遇見不同的人、收集不同角度採訪，去面對人性的衝突、暴力、眼淚。

另一個念念不忘的原因是，亞歷桑那實在太美了。這十天每一天都能見到變化多端的雲彩與天空，絕美的日落，沙漠中各種美麗的動植物……這麼美好的地方，為什麼會有這麼多悲傷的故事發生？我真的不明白。

在這個與英國導演開懷暢談的夜晚，我才發現原來我倆的想法如此相像，只因為缺乏溝通，才會出現劍拔弩張般的張力，連毫不知情的墨西哥製片也看得出來。

我擔心導演不喜歡我，導演則擔心他沒做好引導的工作，沒辦法給我足夠的支持，能讓我安心且放心地採訪。

我們也都曾經歷快要抓狂的時刻，但導演認為，也就是有這麼多不同的意見，他才可以用不同角度與觀點來看待各個議題。

導演對我說：「我在彼此的身上看到更多可能性。」

這正是這次拍攝紀錄片的初衷：**我們能不能從他人的身上看到更多的可能性，從每一個人的切面，看到這個世界正在與即將發生什麼。**

這些碰撞呈現在紀錄片中，也呈現在紀錄片背後的磨合中。

有一段對話最難忘，拍攝的某一天導演突然說：「我有做任何事的自由。」

我說：「不！你不能在我們的紀錄片中說出『自由』這個詞，你沒有自由！」

聽到了我們的對話，所有工作人員都大笑出聲。

聚會中途，導演問我：「寶儀，妳有想過放棄嗎？」

我想都沒想就回答他：「從來沒有。就算拍攝中我哭過、痛過、生病過、恨你過，但我連一秒都沒想過要放棄這份工作。因為這是一生只有一次的機會。」

我知道自己必須完成這個工作，成為寶儀2・0。

導演的想法也是相同的：「對我的團隊來說，這也是個難能可貴的機會。」

或許是在酒精的催化下，那一晚英國導演說開了，他說：「寶儀，有時候我想起妳，會覺得妳滿辛苦的。畢竟妳要用一個妳不熟悉的語言工作，去一個又一個全然陌生的地方，採訪這輩子可能只見一次面的人。妳的工作真的特別累，是我們無法想像的辛苦。」

我跟導演說：「有時候你太多的能量，會帶給我極大的壓力，因為我是個很容易累的人。你總是能量破表，而我的能量則總是快耗損殆盡。」

導演回我：「寶儀妳不能這麼說，妳是要站在攝影機前面的人，必須得時時刻刻保持在飽滿的狀態，必須要非常專心去聽別人說話，妳光是消耗自己的能量都來不及了，不需要分心去承接我的能量。」

我體會到他的弦外之音，是我應該要把他的能量，視為支持我的能量。而不是只想著：我永遠跟不上導演，我覺得自己好累。

雖然到了拍攝的最後才有機會坐下來溝通，但我依然認為這段遲來的對話非常非常美好。

我說：「有時候我遠遠看著你和兩位攝影師以及收音師，再加上我，我們五個人就像是金剛戰士Power Rangers啊！一起出發去打怪，一起克服種種關卡。」

他們是我最堅實的好夥伴，看著我一路哭哭啼啼，過關斬將。

最後的最後，我給了英國導演一個實實在在的大擁抱，我對他說：

「不管拍攝過程中發生過什麼事，我真的很愛你，我很感謝我們一起走完了這趟旅程。」

而我心中另外一段沒說出口的話是：也許我們最終不會是很要好的朋友，但是Josh我謝謝你，發自內心地感謝。

得過奧斯卡最佳紀錄片，
長期與 BBC、Discovery 合作的
英國團隊 Grain Media，
與我擦出一期一會的火花。

——後記——

聆聽這個世界，每個片刻都讓我成了現在的我

在《明天之前》上線前，我寫下：「這絕對是我做過最困難的工作，但也是帶給我最大成長的工作。」二十年前成為一個小小的主持人時，從來沒有想過有一天，會有機會，用我完全不熟悉的語言，在地球的另一端，訪問距離我的生命如此遙遠，卻又跟我的未來息息相關的人們。

在拍攝的過程中，我們團隊有三名成員即將成為爸爸（巧的是三位迎來的都是千金），外景的空檔總看著他們忙著買孕婦裝、買嬰兒服，為值得期待到來的日子補貨。這些與拍攝無關的生活細節總提醒著我，我不只是為了自己上路的，我希望當有一天，這些孩子們問我，為什麼我們留給他們的地球是現在這個樣子時，我還能說出些什麼。

在因為新冠病毒而讓移動交流停擺的當下，回想起那些搭飛機像喝水一樣容易，

瑞士當瑞芳去的日子，除了覺得恍如隔世外，我都無限感激當時能有機會玩一把這麼大的。所謂的「一期一會」指的不只是那些我們遇到的人事物，還有那個只要有一點點遲疑就無法成行的雄心壯志，跟義無反顧想要聆聽這個世界的意圖。每一刻我都提醒自己要敞開、要再向外擴張一點，不能辜負這個落在我頭上的幸運。

我第一個想謝謝的是《明天之前》的出品人李倫。我想我永遠不會忘記二〇一三年我們第一次（這樣回想起來好像也是唯一一次）有機會坐下來詳談的情景。那是一個略帶荒謬感的七星級酒店咖啡廳，我聽你說著為什麼你想完成《客從何處來》這個計畫，在我心裡一面糾結著這個提案到底有多難執行的同時，我突然彷彿在你眼中看到一道光。那是一種即使明白前面遍是荊棘，也不要放棄朝著光走去的執著，以及明知困難重重，也想為土地與人留下故事的胸懷。為了那道閃光我願意成為你一起上路的夥伴，我想親眼看看，你想看到的風景到底長什麼樣。於是在完成了《客從何處來》後，我繼續得到了與騰訊新聞團隊合作的機會，完成了《聽我說》《回家的禮物》以及《明天之前》。這所有的奇妙旅程，都從那個神奇的下午，從你開始出發。

然後我要謝謝監製金輝。每次！每次的合作我都先是疑惑，懷疑你們怎麼會有勇氣找上與新聞界八竿子打不著的我，質疑難道我還有什麼連我自己都不知道的能力被你們看透了？然後過程中就是很想掐死你！不管是體力或腦力、ＩＱ與ＥＱ、理性與感性，你都會把大家推到一個極限。最後完成的時候，呼出滿足的那口氣的時候，就會滿心感激地謝謝你又帶上我玩了一把。每一次我們的合作都形塑了我，每一次的信任與託付都更加讓我明白一個主持人的價值，我的價值！

謝謝製片人兼中方導演老朱，有你的外景總是最好吃、最好喝、最好玩的！我喜歡你那些天馬行空充滿驚喜的想法與碰撞，讓我知道即使是嚴肅的議題，也總有好玩的角度可以切入。還有那些及時的點題與當頭棒喝，提醒我隨時修正，走在正確的道路上。

謝謝執行製片人子健、繼沖、立鶴的前線溝通與後勤支援。謝謝你們像爸爸媽媽哥哥一樣照顧著團隊。這個案子實在太複雜、太難了。那些改來改去的行程，生活的工作的細節，沒有你們，我們絕對無法完成任務。

謝謝翻譯Lulu、Judy。謝謝妳們不厭其煩地與我反覆討論我的疑惑，也幫助我突破語言的隔閡與限制。謝謝每次採訪過後總是第一秒為我送上肯定的眼神，或是只有我們懂的點頭。謝謝妳們總是在我覺得孤獨無助的時候給我最堅實的支持與安撫。在這個充滿陽剛氣的劇組，妳們的溫柔對我來說是氧氣般的存在。

謝謝我的Power Rangers團隊：導演Josh，攝影Richard、Safwon，收音師Francesco，我永遠不會忘記我們一起征戰世界打怪的緣分，也希望你們喜歡這個用不同的文化角度探索世界的機會。

謝謝我的團隊可妍、阿牛、化妝師嘉凌。我知道我壓力大的時候真的很難相處，但還好我們都活了下來，哈哈哈哈哈哈！

特別謝謝我的英文老師Joy，謝謝妳無私敞開地與我分享生命，那些淚目相望秒懂彼此的時刻完全超越了語言與文化的限制。謝謝妳讓我明白學習語言最關鍵的從來不是文法正不正確、單字量夠不夠多，而是你到底有多想跟眼前的人溝通。每一刻，我都覺得妳一定是上帝派來陪我一起成長的天使。

謝謝大田出版的培園、鳳儀、文字協力曉玲。謝謝妳們和我一起完成了這本書，讓這趟旅程結束後，還有文字紀錄能督促我繼續思考，繼續分享。

謝謝所有一期一會的受訪者。謝謝你們即使時間不多，也讓我短暫地進入你們的世界。不管那裡面充滿的是掙扎與淚水、新奇與未知、悲傷與喜悅，我都謝謝你們用自己的生命給我們啟發。

也謝謝當時看了《明天之前》的觀眾，與現在正在看著這本書的你們，謝謝你們願意和我一起走上探索的旅程。文行至此不是探索的結束而是開始，願我們都能得到面對世界的勇氣，一起走下去。

最後我想謝謝路上所有的發生與相遇。那些生命中的一個片刻接著一個片刻，都讓我成為現在的我。

願我們明白，我們選擇的每一個今天，都造就了我們共同的明天。

也祝願明天到來之前我們都有好好活在今天。

那些生命中的一個片刻接著一個片刻，
都讓我成為現在的我。

「說話」一直是曾寶儀的工作。
在主持的稻穗藝術節舞台，她彷彿是武林俠女，掌控全場觀眾的靈動，
只因她說，你眼睛所看的，會留在你的心裡。五分鐘，全場鴉雀無聲，直到舞者上台……
在主持粉絲見面會，她引燃炙熱的小火苗，讓偶像的閃光點，燒燙每一顆粉絲的心。
在直播訪問的現場，她知道不是要「拚命說話」，而是要「聽別人說話」。
在面對採訪對象，她與受訪者的情緒同步流動，一同哭泣，一起產生勇氣，一起打開內心不可思議的快樂與能量。

原來，「說話」可以成為療癒人心的一種途徑。
她一開始不懂，以為愛說話就是會說話，把時間填滿，取悅別人搞熱氣氛，以意志力支撐，滿足眾多期待，才能贏得光鮮亮麗的掌聲。

但要如何說話才能做到心與心溝通？肯定自己，觸動他人？
本書是曾寶儀二十年來從各種工作經驗中，一點一滴努力探索，挖掘與思考什麼是「說話溝通」的細膩分享。

她認為說話富含熱情，才可以讓別人產生好奇。要找到互動中的共鳴點，在於你要用心傾聽。當不知道說什麼就先別說，要等一等，停一停。她常常提醒自己在言語中給予對方鼓勵，永遠不忘溝通的初衷是愛，是人心。

最重要的是當溝不通時，回到我是誰？我認識自己嗎？你才會找到自己的恐懼，找到挫敗的陰影，找到全新自由的自己。

【同場加映】

50 堂最療癒人心的說話練習：
在溝通中肯定自己，觸動他人

曾寶儀　著

金鐘 57 最觸動人心的主持　全場熱淚掌聲

曾寶儀：你用自己的專業證明，

只要有好演員，就沒有角色是小角色

好評重版　溫暖燙金暢銷版

Creative164

一期一會的生命禮物（暢銷燙金版）
那些讓我又哭又震撼的跨國境旅程

填回函雙重禮
①立即送購書優惠券
②抽獎小禮物

作者｜曾寶儀
文字協力｜蔡曉玲
出版者｜大田出版有限公司
台北市一〇四四五中山北路二段二十六巷二號二樓
E-mail｜titan@morningstar.com.tw http://www.titan3.com.tw
編輯部專線｜（02）2562-1383 傳真：（02）2581-8761
總編輯｜莊培園
副總編輯｜蔡鳳儀
編輯｜葉羿妤
行銷編輯｜張筠和
行政編輯｜鄭鈺澐
校對｜黃薇霓／黃素芬
內頁設計｜陳柔含
初刷｜二〇二一年八月一日
燙金版初刷｜二〇二四年二月十二日 定價：三八〇元
網路書店｜http://www.morningstar.com.tw（晨星網路書店）
TEL：04-2359-5819 FAX：04-2359-5493
購書E-mail｜service@morningstar.com.tw
郵政劃撥｜15060393（知己圖書股份有限公司）
印刷｜上好印刷股份有限公司
國際書碼｜978-986-179-853-0 CIP：190/112021857

國家圖書館出版品預行編目資料

一期一會的生命禮物：那些讓我又哭又震撼的跨國境旅程（暢銷燙金版）／曾寶儀著．
——初版——臺北市：大田，2024.02
面；公分．——（Creative；164）

ISBN 978-986-179-853-0（平裝）

190 112021857

法律顧問：陳思成